自分とか、
ないか

教養としての東

学

しんめいP 著

京都大学名誉教授
鎌田東二 監修

sanctuarybooks

はじめに

虚無！

32歳。無職になり、離婚して、実家のふとんに一生入ってる。

◆◆◆

人生のピークは18歳。東大に合格したときである。

地元は小さな田舎町。

合格発表の次の日には、町の有名人になっていた。近所のスーパーで、とつぜん、知らんおばちゃんに力強く両手で握手された。

「東大、受かったんやってねぇ、すごいなぁ！」

おばちゃんは泣いてた。

あれ誰やったんや？

そんな「田舎の神童」だったぼくが、「職」「家」「妻」を失って、**「一族の恥」**として実家にもどってきた。実に14年ぶり。

近所の人に見つからぬよう、深夜1時から海にむかって散歩する。よく釣り人にみつかるけど、たぶん幽霊と思われてる。

ふとんから出られない。

「なんか、めちゃくちゃ虚しい」

というだけの理由で。

「働く意味」がわからなくなった。
「売上」「お金」「成功」
ほしいはずなのに、ほしくない。
がんばりたいのに、がんばれない。
こんな理由で、働かないの、ナメてる。自分でもおもう。
このままだと、一生ふとんに入ったままだ。

◆◆◆

この虚無感、どうすりゃいいんだ!?

その答えをもとめて、いっぱい本を読んだ。

まず、自己啓発書を読んだ。
うそ。読めなかった。

「好きなことみつけよう」
「強みをいかそう」
「成功しよう」

ぜんぶ、生理的に無理になってた。
いまこの言葉にふれるだけで、虚無感が10倍増しになりそう。

次に、哲学書に手をだした。
いわゆる「西洋哲学」である。
デカルト、カント、ヘーゲル。
名前をいうだけで自分がすごい人間になった気持ちになれる。

みんな、めっちゃ虚無感かかえてそうな顔。（暴言）

デカルト

カント

ヘーゲル

最強の知性をもつ彼らなら、虚無感をのりこえる方法、知ってるはず。

ところが問題があった。

西洋の哲学者は、「生き方」にあんま興味がない人がおおいのだ。

なんでやねん。

頭良すぎて、「**認識とは何か**」みたいな、おそろしく抽象的なことを哲学してる。

ふとんから出るどころか、むしろ永遠にでられなくなりそう。

おれはこんなこと考えてる場合じゃねぇ。


それでも、ひとり、いるのだ。

ドンピシャで「虚無感」を哲学してる人が。

ニーチェである。


19世紀ドイツにうまれた、哲学界のスーパースターだ。

ニーチェ

ニーチェが虚無感の克服をテーマにかいた『ツァラトゥストラはかく語りき』という本には、こうある。

わたしは諸君に超人を教える。
人間は、克服されねばならない何かだ。
君たちは人間を克服するために、
何をしたか。

うおおお！　全然わからんけど、アツいっぽいな⁉
ニーチェをしれば、虚無感を克服できそうだ！
とおもって、期待ＭＡＸで調べはじめた。
しかし、衝撃の事実をしった。
ニーチェ、発狂して10年間ふとんに入ったまま、死んだらしい。

虚無感やばすぎ

あかんやん！

西洋哲学にたよると、よけいこじらせそうな予感がして、やめた。

そして、最後にてをだしたのが、**「東洋哲学」**だった。

「東洋哲学」といわれても、ピンとこない人が大半だとおもう。

でもね、めっちゃいいんですよ、東洋哲学。

たとえば、インド哲学。メインテーマは、これだ。

「本当の自分ってなんだろう」

日本の社会で、これ口にだしたら、超バカにされる。
みんな気になるくせに！

でも、自分探しの本場、インドはちがう。
今この瞬間も、「本当の自分」を探してる人が、何億人もいる。

しかも、インド人の論理的思考、世界最強レベル。
数学で「ゼロ」の概念を発明したの、インド人である。

そんなインド人の哲学者たちが、何千年も考えてきた「本当の自分ってなんだろう」の答え、知りたくない？

ありました、「答え」。
そして、その「答え」を知って、
わたくし、虚無感から脱出して、いまこうして本かいてます。

東洋哲学のいいところは、きほんてきに、

「どう生きればいいか」がテーマなこと。そして「答え」があること。

よく哲学は「答えがない」といわれるけど、東洋哲学は、超しっかり「答え」があるのだ！　これはありがたい。


そしてなにより、この「顔」をみてほしい。

東洋哲学の代表的な哲学者、ブッダである。

人間、こんなやすらかな顔できるん？

ニーチェの虚無顔とえらい違いや。


東洋哲学は、とにかく楽になるための哲学なのだ。

無職だろうが、離婚してようが、ふとんにいようが、めちゃくちゃ楽になれる、ヤバい哲学である。

ちなみに、先にいっておくと、東洋哲学にはひとつ弱点がある。

友達の家に遊びに行ったとき、このブッダのポスターが、でかでかとはられていたら、どう思うだろうか。

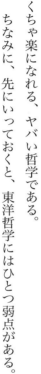

最強に怪しい。

友達のことが心配になる。

じっさい、ぼくも実家の本棚に東洋哲学の本をならべまくったら、親からガチのトーンで心配された。

それもそのはず。

東洋哲学は劇薬である。

効果はすごい。でも取り扱いをまちがえば、めちゃくちゃ危険。

ただ、安心してほしい。勧誘とかしないから。
ぼくは、特定の宗教にはいってないし、家にブッダのポスターもはってない。

また、間違ったつたえかたにならないよう、宗教学者で、京都大学名誉教授の鎌田東二先生に監修していただいた。鎌田先生は70代だけどバク転できる超スゴい方なので、とにかく安心してほしい。

この本は、「哲学エッセイ」です。
ぼくは学者でも僧侶でもないので、東洋哲学を「ひとりの無職がこう受け取ったんだな」とおもって、気楽に読んでくれたら嬉しいです！

それでは、これから7人の「東洋哲学」の哲学者を紹介します。
ぼくが、7人の哲学をしって、どんなふうに「虚無感」から回復したかも書きます！
ひまだったら読んでみて！

2章 空《くう》 この世はフィクション 龍樹の哲学

中国編

3章 道《タオ》 ありのままが最強 老子と荘子の哲学

4章 禅 言葉はいらねぇ 達磨の哲学

日本編

5章 他力 ダメなやつほど救われる 親鸞の哲学

6章 密教 欲があってもよし 空海の哲学

インド編

1章

無我

自分なんてない

ブッダの哲学

東洋哲学、この人をぬきに語れない。最強の哲学者から紹介する。
「ブッダ」。
別名、お釈迦《しゃか》さん。みんな名前はきいたことあるよね。
でも、くわしく知ってる人はすくないと思うので、紹介しよう。

ブッダってだれ？

まず、ブッダについて、一番大事なことをつたえたい。
ブッダは「人間」である。
インド人である。
絵でも仏像でも、あまりに「神」っぽいので、勘違いされがち。

人間です。インド人です。父ちゃんと母ちゃんからうまれたし、たぶんカレーたべてた。

そんなブッダはいまから2500年くらいむかしの人。でも、現代人のぼくと、同じ悩みももっていた。


「虚無感」である。


ブッダもまた、虚無感になやんでいた人間だったのだ。

でも、ブッダはすごい。

なんと、**虚無感を完全に解決したのだ。**

えっ？ そんなことある？「虚無感」って完全解決できるやつだったん？

ぼくは、ブッダの哲学をしって、人生イチ衝撃をうけた。

「人生で一番影響うけた人は？」ってきかれたら、「ブッダ」と答える。それでドン引きされそうな時は「明石家さんま」って答えてる。

これから、そんなブッダの、破天荒すぎる人生ストーリーと、虚無感をぶっとばしてしまう衝撃の哲学を紹介していく。

超ハイスペックなひきこもり

ブッダは、とんでもなく恵まれていた。

仮に、古代インドにマッチングアプリがあったとしよう。

もし、ブッダが登録すれば、あまりに「ハイスペック」すぎて、婚活市場のバランスは完全崩壊し、サービスは終了においこまれるだろう。

まず実家が太い。

実家、王家。職業、王子。年収は、おおすぎて測定不能。頭脳も、のちに人類史にきざまれるレベル。

しかも、たぶんめっちゃイケメンだった。修行中、地元のギャルに突如おかゆをもらったりしたので。

でかい城にすんで、ほしいものは全部手に入る。豪華なご飯を毎日たべて、ハーレムまであった。（実家にハーレムあるのいやすぎる）
家族にもめちゃめちゃ愛されてた。
「王子」って、超やりがいありそうな仕事やん。

しかし！

こんな恵まれた環境なのに、**ブッダはバキバキに「虚無感」に苦しんで生きていた。**

たぶん、ずっとふとんに入ってたと思う。

王子といいつつ、じっさいは「無職のニート」だったのだ。

王家にうまれて、虚無感でふとんに入っていたブッダ。


庶民のくせに、「自分、めぐまれてるしな…」と虚無感をもつことすら申し訳なくおもってた自分が、最高にバカらしくなる。

どんなに恵まれてても、虚無感はかんじるものらしい。それを、若いときのブッダが証明してくれてて救われる。

ブッダ、自分探しの旅にでる

無職、哲学的になりがち。ぼうだいに時間があるから。

暇な時って、「なんのために生きてるんだろう？」とか考えこんでしまったりしません？ するよね？

ぼくもふとんの中で一日中、「ブラックホール同士が衝突すると何がおきる!?」みたいな動画をみて、宇宙に思いをはせていた。

ブッダも、だいたいそんな感じだった。

「この人生なんの意味があるんだ？」

「本当の自分ってなんなんだろう？」

しかし、並の無職とは、スケールが違う。

本気で考えすぎて、**ある日、家出して、そのまま一生外にいた。「出家」である。**
バレるとやばいので、夜にひっそりでていったらしい。
ブッダも、「自分探し」の旅にでたのだ。
ぼくらのより、だいぶガチのやつだけど。
「出家」ってつまり、「ホームレス」になること。
森とかでねる生活。治安悪いし、トラとかいる。

ブッダ、29歳。アラサー。
王子からホームレスに。理由、自分さがし。
大企業からベンチャーに転職する、みたいなレベルじゃねぇ。
しかも、このとき、妻と、うまれたばかりの子供がいた。
出家とは、家族の縁をきることである。
王様やってる父ちゃんも、急に後継者がいなくなってパニックである。

修行しすぎて死にかける

インドってすごい国である。なんと2500年前から、「自分探し」の本場なのだ。

インドじゅうに、人生を修行だけに捧げる「自分探し」のプロが、すでに沢山いた。

当時のインドの「自分探し」業界では、**「めっちゃ身体をいためつけたら、本当の自分があらわれる」**という風潮があったらしい。

業界の新人・ブッダもまずは、その風潮にのっかることにした。

その修行の内容がすごい。

「するどいトゲでつくったベッドで寝続ける」

「めちゃくちゃ髪の毛むしりとる」

「めちゃくちゃ息とめる」

こんなことを、毎日やりつづける。めっちゃ息止めると、頭に激痛がはしって、身体がもえるように熱くなるらしい。何やってんねん。

思い出してほしい。ちょっと前まで「王子」をやってた人が、自分の髪をむしりたおしてるのだ。

トヨタの社長の御曹司が、急にこんなことはじめたら週刊文春が黙ってないよ。

そして、修行中、とにかくメシを食わない。断食である。

いまはやりの、ファッション断食じゃない。この写真のレベルでやったらしい。

ブッダは、**こんな苦行を6年間やりつづ**

けた。

いやー無理っす。ぼくなら1時間でやめて家もどるな。

しかし、ブッダ、6年修行しても、いまいちピンとこなかった。

だれよりも本気で「苦行」にとりくんだのに、「本当の自分」がぜんぜんみつからない。

それもそのはず。

当時でも、50年以上、苦行してる人とか、ザラにいる世界だ。

たった6年で「本当の自分」をみつけられるなら、みんなみつけられる。

自分探し業界のセンパイなら、「まだまだ苦行がたりねぇな」とおもって、もっと修行をつづけるはずだ。

歴史をうごかしたおかゆ

しかし、ブッダは、革命的なことを考えついてしまう。

たった6年だけど、めちゃくちゃ本気で苦行してきた。でも、なんか手応えがない。

「これ、もしかして意味ないんじゃね…？」

もっと他に方法あるやろ、とおもったのだ。

しかし、方向転換するにしても、断食しすぎて体力も気力もゼロである。客観的に見て、死にかけの中年男性である。

ここでブッダが力つきていたら、仏教はうまれなかった。

しかし、ブッダは「持っていた」のだ。奇跡的に、人類の歴史の転換点をつくる人物があらわれる。

「あのイケメン死にそうじゃね？」

と心配した**近所のギャル**が、おかゆをもってきてくれたのだ。

ギャルはすごい。ふつうの人は「断食してる人に、ごはんあげるとか失礼だよね」って遠慮すると思う。ダイエット中の人にケーキあげないのと一緒だ。

ここで、ブッダは究極の二択にせまられた。


——おかゆを食うか、食わないか。


思い出してほしい。ブッダは、妻と生まれたての子供を捨てて、苦行にうちこんできた。

ここで、おかゆを、しかもギャルのおかゆなんて食ってしまったら、今までの努力が無意味になるやんか。

元妻からしても「は？ なめてんのか？」な事案である。

自分探しプロの同業者からも「あいつ、終わったな」とおもわれること必至。

しかし、ブッダはここで、のちに人類の歴史にのこる、重大な選択をした。

「おれ、おかゆ、食う。」

おかゆを食うことでみえるかもしれない、新しい景色に賭けたのだ。

ズズズッ（食べる音）

あぁ…うまい…（感想）

うまいよね…（ギャルの感想）

ギャルの慈悲がつまったおかゆは、沁みた。

ブッダの体力と気力がモリモリ回復した。過去最高のコンディションである。

そのままの勢いで、食後、おっきい木の下で瞑想したら、

悟りを開いてしまった。

そんなことある？ ちなみにこのギャルは「スジャータ」という。コーンスープとかでおなじみの日本の食品メーカーの名前の由来になっている。

自分とか、ない。

悟った、ということは、「本当の自分」の答えが見つかったということである。
いったい、どんなものなのか？
その答えは

「無《む》我《が》」

だった。

自分とか、ない。

なかったんだってさ。

いやいや、ないって？　ここにあるやん？　どういうこと？

ひとつたとえ話をしよう。ぼくは家がゴミ屋敷なので、すぐモノがなくなる。
ある日、どうしてもサッカーの日本代表戦をみたくて、テレビのリモコンを部屋中探したのだが、見つからない。2時間探してもみつからず、試合が終わってしまった。悔しかった。

しかし、翌日気づいた。おれ、そもそもテレビ持ってなかった。

ホラーである。

仕事がきつくて頭がおかしくなってた。

探していたリモコンは、そもそも存在しなかった。
「ない」ものを探すことは、完全にムダで、おそろしい苦しみだった。

「自分」がない、のだとしたら、「自分探し」はそりゃ苦しいはずである。

逆に、どこに「自分」がある？

「無我」とはどういうことか。いまぼくが、「自分」だとおもってるものは一体なんなのか？

ブッダはこういった。

「自分」とはただの「妄想」。

ほんとうは、この世界は、ぜんぶつながっている。

よく観察すればわかる。

しめきり直前のぼく

ほんまかいな。「妄想」はいいすぎやろ。
ということで、ブッダに挑戦してみよう。
これ（↑）はぼくの**「身体」**。めっちゃ「自分」。
しかしである。よくいわれるように、人間のからだの細胞は、つねに入れ替わっている。

一説によると、3ヶ月でだいたい入れ替わってしまう。

これ（←）は、10年くらい前の写真である。

正面をむいて、真顔の写真を探したのだけど、当時写真をとられるのが嫌いすぎて、ロクな写真がのこっていなかった。

写真アプリのAIは「これ、お前だよ」と判定してくれたし、ぼくも「自分だな」とおもう。

みなさんも、10年前の自分の写真をみて「自分だな」と思ってるだろう。

そりゃそうだ。

しかし、驚くべきことに、10年前の身体と、いまの身体は、物質的に完全別物レベルなのだ。過去の写真をみると、不思議なきぶんになってくる。

そもそもである。身体は、食い物でできている。

昨日、コンビニでかったチキンをたべた。ファミチキである。「ファミチキ」なるウキウキしたなまえに、つい騙されるが、要は「鳥のからだ」である。
ファミチキを食う、ということは、「鳥のからだ」を、吸収してるということだ。
いまのあなたの筋肉は、むかしたべた「鳥のからだ」だ。

「自分」のからだは、食べもの、つまり「自分以外」のものからできているのだ。

もっといえば、
「鳥」も、「鳥」以外のものでできている。虫とか食ってる。
「虫」も、「虫」以外のものでできてる。草とか食ってる。
「草」も、「草」以外のものでできてる。水とか太陽の光とか。

この世界は、全部つながりすぎている。
ちゃんと観察すると、「これが自分」といえるものが何もないことに気づくのだ。
「無我」である。

もう一個、追い打ちをかけるように、残念でグロテスクな世界の真実をつたえたい。

いまこの瞬間、おなじ空間に人間はいるだろうか？

家、職場、電車、なんでもいい。

その空間は、みんなのはいた「息」や、なんなら「屁」が循環している。

考えたくないが、本当は知っているはずだ。

われわれは、お互いの、「息」や、なんなら「屁」を、呼吸のたびに、すいこみ、身体に吸収しあっている。

同じ空間にいるだけで、つねに、みしらぬおっさんとかと、物質を交換しあっているのだ。サッカーのユニフォーム交換のように。そうして出来上がっているのが、いまの身体である。

ごめんな、こんなこといって。

でも、**残念なくらい、すべてはつながってる。**

あんまり考えたくないレベルで、つながってるのだ。

◆
◆
◆

それでも、なかなか「自分」が「ない」とは信じられないだろう。

身体はそうかもしれんけど、心はどうやねん。

いまこの本を読んでる間、いろんな思考がわきあがってきているとおもう。

心のなかで、考えること。そんな「思考」のことを、ふつう「自分」だとおもって生きている。そりゃそうだ。


しかし、である。「思考」をよ————く観察すると、ちがうことがみえてくる。

この写真をみてほしい。

「カレー食いたい」

と、おもわなかっただろうか？　おもったことにしてよ。

しかし、である。よ————く観察してほしい。

「カレー食いたい」という「思考」は、どこからともなく、勝手に「わきあがってきた」のでは？

よっしゃ！ いまから「カレー食いたい」って思考するぞ！

↓

「カレー食いたい」

こんなヤバいひと、いないでしょ。いたらなんかごめん。

思考が「わきあがってくる」瞬間をよく観察すると、思考のことを「自分」だとだんだんおもえなくなってくる。というか、なんかこわくなってくる。

「カレー食いたい」とおもったのは誰なんだ。実はホラーである。

ぼくがカレーの画像をみせなければ、「カレー食いたい」という思考はわきあがってこなかった。

ぼくが「カレーの画像をみせよう」とおもったのも、その思いがわきあがってきたからそうしただけだ。なぜわきあがってきたかは、わからない。

今日の天気も関係してるかも。雲と太陽の影響。もはや宇宙規模の話になる。

宇宙規模の関係性のなかで、「思考」がわきあがってはきえていく。

「思考」さえ、自然現象のようなものである。

「思考」だけではなく「感情」もおなじである。


「よっしゃ！　いまから嬉しい気持ちになるぞ！」

「よっしゃ！　いまから怒った気持ちになるぞ！」

「よっしゃ！　いまから悲しい気持ちになるぞ！」


こんなふうに感情をつくりだし続けている人がいたら、こわすぎる。

感情も「わきあがってきている」のだ。

苦しみをなくす、衝撃の方法

身体も心も、宇宙規模のつながりのなかで、たまたまいまこうなっているだけ。
息を吐くたびに、身体の一部をおっさんと交換してる。
飯をたべるたびに、地球と身体がいれかわってる。
心も、天気とか、宇宙の影響をうけてつねに変化してる。
ブッダは、瞑想して、だれよりも「観察」した。その上で、

「これが自分だ」といえるようなものは、ひとつもない。

と結論づけたのだ。
なにもかもが、無限にいれかわり続けている。
「自分」も例外ではない。これが、**「無我」**なのだ。

そして、ブッダはこの「無我」の哲学から、ぼくらの人生が苦しい原因を、完全解明してしまったのだ。

人生の苦しみの、根本的な原因。知りたくない?

苦しみの原因、それは、

「自分」

なのだ(!)

すべてが変わっていくこの世界で、変わらない「自分」をつくろうとする。

そんなことしたら、苦しいにきまってるやん。


ひとつたとえ話。小学生の頃、家の近くに、小さな川があり、よく遊んでた。

あるとき、世にもおそろしい悪事をひらめいた。

川には大きな石がゴロゴロしている。

この石をつかえば、

「川、とめられるんじゃね？」

とおもった。すぐに犯行を開始した。

日が沈むまで、ひとりで大量の石を移動させ、堤防が完成した。

「明日には川はとまり、犯罪者としてニュースになるだろう」と覚悟して、眠れない夜をすごした。


翌日、川をみにいったところ、**石の堤防はぶざまに決壊していた。**


川はギュルンギュルン流れている。

「自然、やべぇ〜」と思い知った経験だった。

たぶん「自分」とはこの石の堤防みたいなものだ。変化する川を、とめようとすると、めっちゃ苦しい。


すべてが変わっていくこの世界で、変わらない「自分」をつくろうとする。そんなことしたら、苦しいにきまってる。

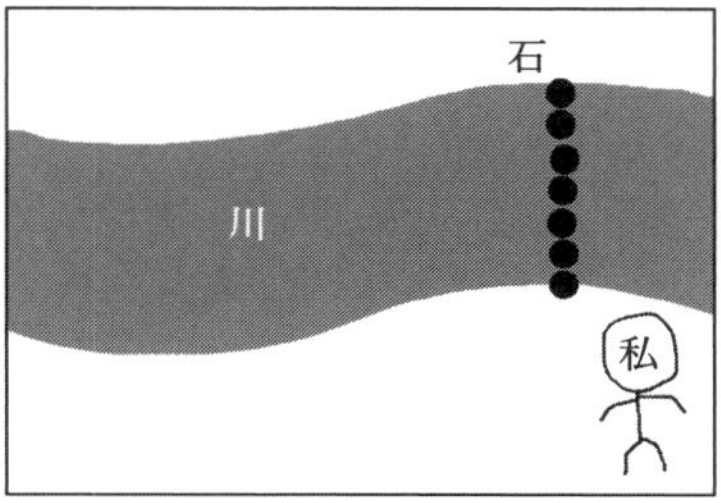

※イメージ

具体的にかんがえてみる。

私事ですが、30代になって、白髪がふえてきました。

これまでめだつ白髪は、「オラァ」と引きちぎっていたのだが、最近引きちぎる回数がふえすぎて、いたくて涙がでてくる。苦しい。

20代のまま、変化をとめて、「自分」を若いままにとどめようとする。

川をとめようとするのと同じだ。めっちゃ苦しい。

「老い」っていやだよね。でも、

「老い」という、「苦」をさけるために、

「若い」という、「自分」をつくっている。


その「自分」こそが「苦」の原因だったのだ。

老いはとめられない。楽になるなら、受けいれるしかないのである。いややな〜〜〜〜。

でもさ、いくら「苦」の原因だからって、「自分」をぜんぶすてたら、どうなっちゃうの？

ヤバそうじゃない？

ブッダのことばがのこっている。

「おれがいるのだ」という慢心をおさえよ。
これこそ最上の安楽である。

ウダーナヴァルガ　30章　一九

最上の安楽。

「一番、きもちいい」

ということだ。
「自分」ぜんぶすてたら、「きもちいい」らしい。ほんまか!?
ここで思い出してほしい。ブッダは元・王子である。
「美味しい」「楽しい」「エロい」など、すべての「きもちいい」を経験してきた人である。

そんなブッダが、

「一番、きもちいい」

といっている事実は、重い。

ガチすぎてこわい。

この「一番、きもちいい」の境地を、ニルヴァーナ（涅槃《ねはん》）とよんだのだ。

涅槃の境地

ブッダと「無我」のその後

ブッダは人間である。ふつうに死んだ。死因もちゃんと、記録にのこっている。

ある日、

「ブッダさん、マジリスペクトっす！」

「おれ、料理したんで食ってください！」

て具合の、グッドバイブスな青年から、キノコ料理をもらって食べたら、**食中毒になって死んでしまった。**80歳のときである。インドあついからな。食べ物いたむのはしゃーない。

ブッダが死んで、みんな悲しんだ。

そして、「ブッダの教えを、後の時代につたえていくで！」と、弟子たちが、ブッダの教えを、文章で記録して整理することにした。

これが「お経」である。

彼らのお陰で、ブッダの教えは**「仏教」**となって、ぼくたちにもつたわったのだ。

でも、問題にぶちあたった。

ブッダの「無我」、むつかしすぎたのだ。

「自分がない」という、わかるようなわかんないような感じ…。

けっきょく、ブッダの教えの解釈をめぐって、弟子のグループが分裂しまくって、何百年も大論争になってしまったのだ。論争をへて、ブッダのころはけっこうシンプルな教えだったのに、学者しか理解できないような複雑なものになってしまった。

もう民衆の心は、仏教から離れはじめていた。仏教存続の危機である。

しかし！700年の時をへて、とんでもない天才が現れて、状況は一変した。

かれは、インドの全ての学者を論破してしまったのだ。仏教はふたたびシンプルで、みんなのための教え、「大乗仏教」となって、大復活をとげたのだ。

その天才のなまえは「龍樹《りゅうじゅ》」という。

次の章では、その龍樹について紹介していく。かれの哲学をしることで、「自分が、ない」ということを、もっとクリアに知ることができる。

インド編

2章

空《くう》

この世はフィクション

龍樹の哲学

「龍樹《りゅうじゅ》」という名前をきいたことある？　ないよね？
ちなみに、ブッダとおなじく、人間である。インド人である。
この男、とにかく破壊的な天才なのだ。まず、どんな人物か、紹介する。

龍樹ってだれ？

まず、ヴィジュアルから確認していこう。これが龍樹の姿である。
まず、背中のあたりを注目してほしい。
めっちゃヘビいるけど、大丈夫？
これは、龍樹が「ヘビにおそわれてて絶体絶命」という絵ではない。
むしろ、龍樹がヘビの力や知恵をもってる、ということをあらわしている。

要は、**龍樹は「めちゃくちゃ強い」**ということだ。
実際、インドの全学者を論破しちゃったぐらい強かったので。

龍樹、あのひとに似すぎ問題

実は、ぼくは、龍樹をみるたびいつも「ある人物」を思いだす。

――「論破」というキーワード。

――「すごいけど、あんま友達にはなりたくない」雰囲気。

――色白の肌と、ぽてっとしたくちびる。

…おわかりだろうか。

そう、ネット掲示板「2ちゃんねる」の創設者、**ひろゆき**である。

知らない人に説明しておく。ひろゆきは、天才的なＩＴ起業家であり、また「論破王」としても知られている。ぼくも、元・2ちゃんねらーとして、本書では敬愛をこめて、あえて呼び捨てで「ひろゆき」とよばせていただく。

さっそくだが、龍樹とひろゆき、ふたりの画像をならべてみよう。

なんか、似てない？

（ほんとは超そっくりな画像があるけど、権利がなくてつかえなかった…）

ということで、この章では、龍樹を「インドの論破王」として、紹介していく。

この本、仏教関係者のひとよんでたら、ほんまごめんなさい!!　これ以上よまないでください!!

龍樹のガチの黒歴史

そんな「インドの論破王」龍樹は、どんな人生をおくってきたのか。

実は、『龍樹菩薩伝』という資料に、**とんでもない黒歴史**が記されているので、紹介したい。

龍樹は、若いときから天才で、有名人だったらしい。

おなじく天才の親友が3人いて、いつもいっしょにつるんでいた。

天才集団。やなかんじである。

この4人組、死ぬほど調子にのっていた。

めちゃくちゃ人を見下していたらしい。

しかし、勉強できる系の人は、いつの時代もかわらない弱点がある。

全然モテなかったのだ。

そして、非モテ青年の性欲が大暴走する。

もちまえの頭脳で、「透明人間の術」をつかって、なんと国王のハーレムに不法侵入する。

（「透明人間の術」にツッコんではいけない。東洋哲学業界あるある。）


そして、なんと、ハーレムの女性を全員犯してしまう。

は!? ガチ犯罪やんけ！

龍樹たちは、派手にやりすぎた。「透明人間がいるぞ」とバレてしまう。

（「透明人間の術」にツッコんではいけない。）


ブチギレた王様が、数百人の兵士に命令する。

「王宮の扉ぜんぶしめて、剣をふりまわせ！」

そして、龍樹の3人の親友は、一瞬でぶっ殺されてしまった。

でも、龍樹だけは、生き残ることができた。

なぜか？

龍樹だけ、ブチギレてる王様のとなりにかくれることで、見つからずにすんだのだ。

「まさかそんなとこいるわけねぇよな」理論である。

逆にね。頭いいね。

でも、頭のつかいかたが、絶望的にダサい。

性欲の暴走。友達3人の死。

もじどおり「死ぬほど調子にのった」結果である。


そんな**「超頭いいけど、人間性がおわってる」**青少年だった龍樹は、この事件をきっかけにめちゃくちゃ反省して、仏教の道にはいり、世のため人のために生きた。

「人間性おわってても、変われる」を、体現したのが龍樹の人生である。

「ヤンキーが教師になりました」どころじゃねぇ。

青春の終わりは突然に

インド中を論破する

ブッダが死んでから700年。当時の仏教は、危機にあった。

なぜか、鬼のように複雑な教えになってしまったのだ。

ブッダのときは、「心、よく観察してみ！　自分がないってわかって楽になるよ！」

という、超シンプルな教えだった。

しかし、ブッダがいなくなると、「自分がない」という、「わかるような、わかんないような感じ」に、みんな迷っちゃったのだ。

そして700年間、学者たちが大論争し、教えが一つの本にまとめられた。

その名も『阿毘達磨大毘婆沙論』。タイトルすら誰も読めねぇ。

この本、**なんと全部で200巻ある。**こち亀かな？

そんな教え、一般人には絶対とどかない。

てか当時ほとんどの人、文字よめないから。

仏教は、超ハードルが高いものになり、民衆の心ははなれていっていた。

この状況、なにかが決定的におかしい。

たとえるなら、恋愛マスターが「こうすればモテるよ」と教えていたのに、弟子が「モテとは何か」という200巻の論文をかいてしまったような状況である。

最もモテない行動である。

そんな仏教の危機にあらわれたのが、インドのひろゆき、龍樹である。
龍樹は天才であったが、あたまでっかちではなかった。
黒歴史をへて、仏教の道にはいったのだ。
「人間性おわってても、変われる」ということを身をもって体現したのである。

そして、700年間の議論のすべてを**「くだらねぇ言葉遊び」**と論破し、衝撃の結論にいたる。
龍樹によって、**200巻のボリュームになっていたブッダの教えは、わずか1文字になったのだ。**

ひ…ひともじ…そんな減る!?

「空《くう》」である。

この世界はすべて「空《くう》」である。

龍樹によって、仏教は、超シンプルな教えになり、誰でもだいじょうぶな仏教、その名も「だいじょう仏教」（大乗仏教）として、大復活をとげた。
龍樹のおかげで、仏教は世界宗教になる。日本の仏教も、ほぼぜんぶ大乗仏教である。
その「**空**《くう》」とはいったい何なのか？　紹介していこう。

空《くう》

この世界はすべて「空《くう》」である。
どういうことか。
龍樹のことばを紹介しよう。

この世のすべては、ただ心のみであって、

あたかも幻のすがたのように存在している。

『大乗についての二十詩句篇』18

すべては「幻」である。こういいかえてみよう。

この世界はすべて「フィクション」である。ということだ。

「フィクション」。このひとことで、ブッダの「自分がない」の意味が、超クリアになるのだ。

世界が激変するヤバい哲学

「フィクション」。たとえば、ミッキーマウスである。

ここでひとつ考えてみよう。

「ミッキーマウスは、存在するか？」と聞かれたら、どう答えるだろうか？

みんなの心には「いる」。でも実際には「いない」。

「いる」とも「いない」ともきめられない。

この絶妙なかんじ。これが「**空**《くう》」なのだ。

ここで、個人的に一番ツボな龍樹のことばを紹介したい。

すべてはガンダルヴァ城のようなかたちのものであり、かげろうや夢に似ている。

『中論』17－33

突然でてくる、「ガンダルヴァ城」とかいう謎ワード。

いちおう、ガンダルヴァというバケモノが、魔法でつくった幻の城ということらしい。

魔法でつくった幻の城。

これ、現代でいえば、**「シンデレラ城」**とまったく同じである。
大胆にいってしまおう。
龍樹は「空《くう》」の哲学で、こういいたかったのだ。

この世界は「ディズニーランド」みたいなもんである。

みんな「ことばの魔法」にかかっている

ディズニーランドが、フィクションの世界なのは、みんな知っている。
しかし、この世界すべてがフィクションとはどういうことか？
龍樹はこういっている。

この世界はことばの虚構から生じている　『宝行王正論』1―50

この世界は、「ことばの魔法」がうみだした幻なのだ。

たとえば、この画像をみてほしい。

なんの変哲もない、おっさん。

しかし、ある言葉をのせてみよう。

おそろしいほどの、ことばの魔力。

急に、体幹の筋がビシッととおった、イケオジにみえてこないだろうか。

「社長」「クリエイティブ・ディレクター」「CIA」でも同様だ。

なんかかっこよくみえる。

ありのままをみることは、実はとても難しい。

「ことばの魔法」がうみだす幻は強力なのだ。

◆◆◆

もっと例をあげよう。

このイラストをみてほしい。

みんなだいすき「ファミチキ」である。

蝶ネクタイの服をまとったようなポップでかわいらしいデザインだ。

しかし、冷静になってほしい。

これは**「鳥の死体」**である。

それが、ペラペラの包装紙1枚に「ファミチキ」とかけば、親しみやすくてポップな幻があらわれる。

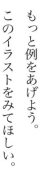

ぼくらはチョロすぎる。
「ことばの魔法」のまえに、あまりに無力なのだ。

◆◆◆

「ファミチキ」だけではない。
鼻セレブ。北海道チーズ蒸しケーキ。ブラックサンダー。
この世界は「ことばの魔法」に完全に支配されている。

「ブラックサンダー」
黒い雷の幻をみせる、おかし。まず「黒い雷」って何？

「北海道チーズ蒸しケーキ」
北海道の大空の幻をみせる、パン。北海道マークの魔力、強すぎん？

「鼻セレブ」
セレブの幻をみせる、湿ったはなかみ。使ってる人にセレブいるん？

みんな魔法を使ってる

そして、ぼくたちも、無自覚に「言葉の魔法」をつかっている。
例をだそう。この本の編集者の「大川さん」である。
おそろしい、言葉の魔法の使い手だ。
大川さんは、

「わたし、北海道出身です！」

とよく語る。（自信にみちた表情で）
北海道。
都道府県魅力度ランキング15年連続1位の「王者」である。

ぼくには大川さんがこう（↓）見えた。

しかし、後に衝撃の事実が発覚する。

「6歳までは埼玉にすんでいた」らしいのだ。

ぼくは思った。

——それ、「埼玉出身」じゃない？

埼玉県。

都道府県魅力度ランキングは、47都道府県の中、45位である（２０２３年）。北海道と、まさに天と地の差。

大川さんが発していた北海道オーラは消滅した。（↓）

大川さんは、「北海道出身」ということで、自分を「盛っていた」のだ。ここまで極端ではないにせよ、ぼくたちも「ことばの魔法」で自分

を盛っているはずだ。

こんなふうに、我々は、ナチュラルに「ことばの魔法」をつかって生きている。

知り合い同士でも、おたがいに幻をみているのだ。

「ことばの魔法」が一番力をみせるのは、恋愛である。これは、男女カップルをえがいた、典型的なイラストだ。よくあるよね、こういうの。

ここで、背景に注目してほしい。

ハートの図形が空中を舞っている。

実際に、このサイズのハートが飛びかっていたら、危険だ。しかし、このハートが「幻」であることをみんな知っている。

だからこそ、「抽象的なハートの図形が飛ぶ」というありえない状況でも、すんなりとこの画像を受け入れられるのだ。

ぼくらは、幻をみることに慣れすぎている。

「ことばの魔法」の正体

さて、ここでインドの論破王、龍樹にもどろう。

「彼氏」「彼女」。

龍樹からすれば、これすら、ことばの魔法がみせる「幻」なのである。

この男女カップルを、龍樹ならこう論破するだろう。


かれらは、〈依存関係による生起〉を本性とする幻の世界を歩みゆく。

『大乗についての二十詩句篇』8

どういうことか。「彼氏」と「彼女」は、おたがいに依存してうまれる幻、ということだ。

そんなに難しいはなしではない。

彼女がいないのに、**「私は彼氏です」**と主張する人がいたら、どうだろうか。

めっちゃこわい。

「彼氏」は相手がいてはじめて成立する。

「彼氏そのもの」は、存在しないのだ。

「彼氏」「彼女」というのは、お互いの心のなかにある「幻」なのだ。

おたがいに、「ことばの魔法」をかけあって、「幻の世界」を生みだしているのだ。

◆◆◆

相互依存でうまれる関係性

「幻」であるからこそ、ぼくたちの存在はたえまなく変化していく。

「知らん人」→「友達」→「彼氏」→「夫」→（離婚）→「他人」

「同じ人」であるはずなのに、つぎつぎに変化する。

そして、幻がきえれば、この人も、ぼくたちも「なにものでもない」。「空《くう》」なのだ。

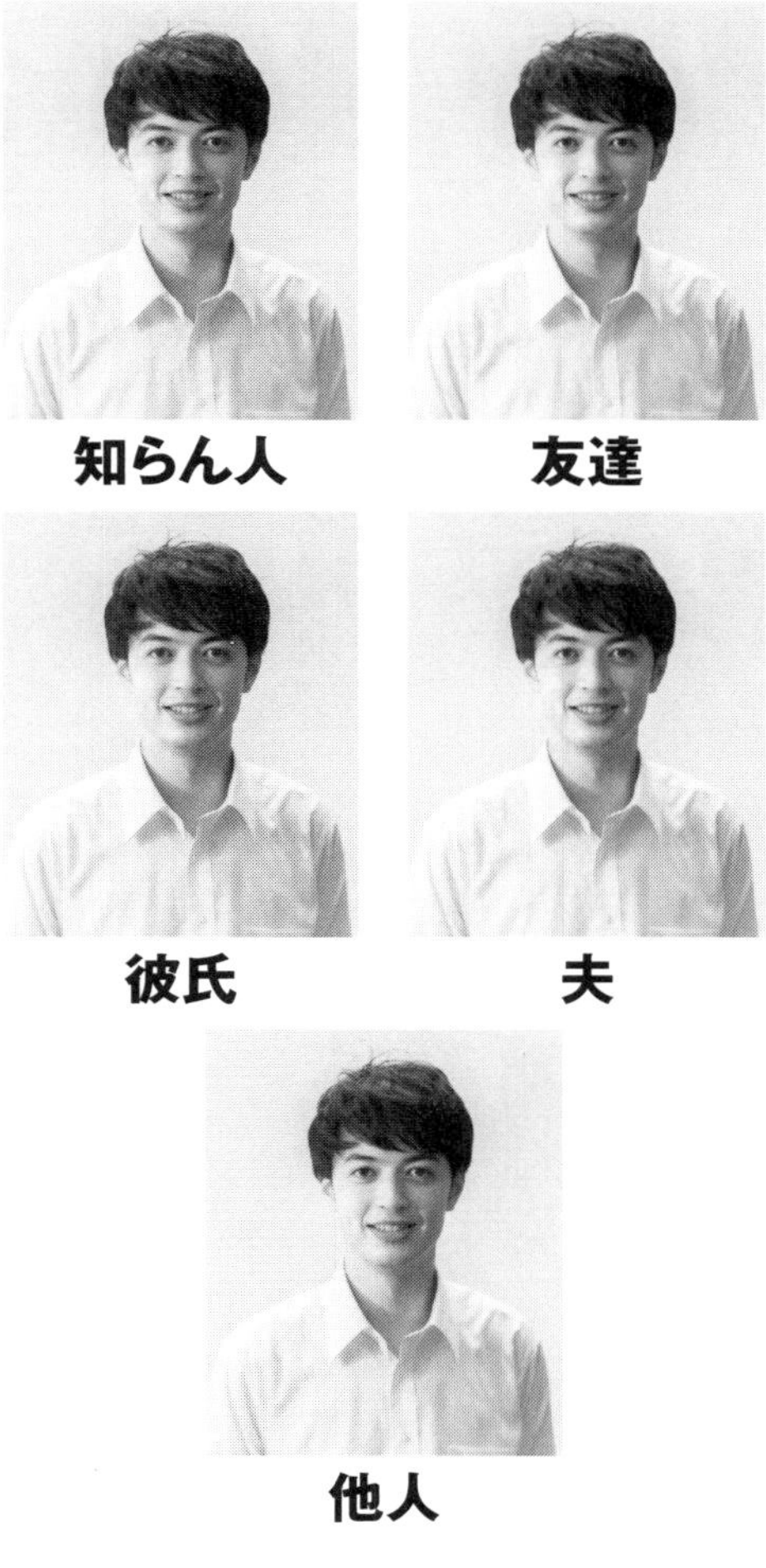

このひと自身に「実体」はない

家族も「フィクション」

幻なのは、「彼氏」「彼女」だけではない。
恐ろしいことに、すべての人間関係にあてはまる。
まずは、「家族」である。家族。ぜんぜん「幻」っぽくないけど。
ひとつクイズをだしてみよう。

Q 「兄」と「弟」どっちが先にうまれた?

読者なめてんのか?
と怒られそうな問題だが、よくかんがえてほしい。
常識でかんがえたら「兄」が先にうまれたはずだ。
しかし、答えは、**兄と弟は「同時」にうまれた。**なのだ。龍樹によると。

どういうことか。「兄」&「弟」も、「彼氏」&「彼女」と同じ。**お互いに依存して成立するのだ。**

たとえば、ぼくはひとりっこである。しかし、突然、母が出産して、弟がうまれた瞬間、ぼくは「兄」になる。つまり「同時」なのだ。

弟も妹もいないのに、「私は兄です」と言う人がいたらこわい。誰のだよ。

なにが？

「父」と「子」も同じだ。

あなたのお父さんにも、赤ちゃんのころが存在した。赤ちゃん時代から、「父」ではなかった。「あなた」がいるから「父」になったのだ。エモいね。「父」と「子」でさえも、おたがいに、ことばの魔法でうみだしている「幻」なのだ。

逆にいえば、初対面でも、ぼくが中年男性を「父」とよび、中年男性がぼくを「子」とよべば、父↕子の関係は、ふたりのあいだで成立してしまう。

「そんなこと、あるわけないだろ」と思うかもしれない。

実際あるんだな、これが。

ぼく自身、初対面の中年男性を「父」にしたことがある。

そう、結婚したときである。

「結婚」はおどろくべき経験だった。

あいての両親とは、結婚挨拶ではじめてあった。

昨日まで他人だった中高年の男女が、とつぜん「父」「母」になった。オヤジとオカンが倍増するなんてきいてねぇ。

正直、かなり混乱した。どう振るまったらいいか謎すぎる。

よくかんがえたら「妻」も元他人である。

「家族」は、他人どうしが「家族」として演技することで、「家族」になっている。

自分の両親も、その両親も、世界中のひとが、みんな「家

「父子」成立！

族」を演じてる。
ディズニーランドのキャストとおなじだ。
子供はそれをしらないだけなのだ。
結婚してはじめてしった世界の秘密。「家族」、めっちゃフィクションやん。
衝撃だった。
そして、**衝撃のあまり、うまく「家族」を演じられず、離婚した。**
そしたら「妻」「父」「母」が、きえた。びっくりだ。
いまとなっては、当時の「家族」はまさに幻である。
元・お父さん&お母さんには、よくチョコとかいただいたし、切ない。

この世のすべては、ただ心のみであって、
あたかも幻のすがたのように存在している。

『大乗についての二十詩句篇』18

龍樹のことばがしみるぜ。

会社も「フィクション」

「家族」がフィクションなんだから、「会社」もめちゃくちゃフィクション、「空《くう》」である。

具体例でかんがえよう。

この本を出版した会社は、**「サンクチュアリ出版」**という。

すごい名前である。さいしょ出版の依頼メッセージがきたとき、「ほんまに存在する会社なん？」と不安になったことをおぼえている。（すいません）

「サンクチュアリ」。「聖域」という意味である。

そんな社名ってことは、宗教系の出版社なのか？　とおもってホームページを調べたら、違った。

由来、マンガの名前か〜い！

Q サンクチュアリ出版は「宗教」ですか？

A 当社は宗教団体・宗教法人ではありません。また特定の宗教団体・宗教法人とも一切関係ありません。
"聖域"の意味を持つ「サンクチュアリ」という社名が、宗教っぽいという指摘を受けることがありますが、これは創業者が愛読していた漫画『サンクチュアリ』（池上遼一・作画／史村翔・原作）を由来としたものであり、宗教的な意味合いは一切ありません。

たぶん、大体の会社のなまえ、社長がてきとうにつけたやつ。
世の中には、こんな名前の会社さえあるらしい。

「変態企業カメレオン」「すてきナイスグループ」「バーグハンバーグバーグ」…。
「変態企業カメレオン」という社名でさえ、法務局に書類をだせば、「ある」ということにしてくれる。

会社というのは、フィクションだ。
社会のみんなで、「ある」ってことにしてるだけ。
そういう設定の、フィクションなのだ。
「**空**《くう》」なのだ。

◆
◆
◆

会社がフィクションなら、とうぜん、会社の人間関係もぜんぶフィクションである。

もしあなたが会社員なら、「社長」にはじめてあった日をおもいだしてほしい。「この人が社長だよ」と紹介されたときのことを。

「こいつが社長か…」とおもって、**「尊敬してるフリ」の演技をしたはずだ。**

驚くべきことに、その日いらい、あなたは演技をつづけているのだ。

あなたは、いつでも幻からさめてもいい。

「こいつは社長じゃねぇ」ときめた瞬間、あなたは自由だ。

「社長」と「社員」もまたお互いに依存してうまれる。

みんなが社員をやめれば、みんなの社長も消滅する。

一見、社長のほうが社員より強くみえるが、龍樹からすれば同格である。

「社長」は代表取締「役」というが、ようは「役」なのだ。

「ミッキーマウス」とおなじくらい、幻である。

ミッキーマウスは、「ミッキーマウス」とおもってくれる人がい

るから存在できるのだ。

◆ ◆ ◆

ついでにもうひとつ。

ぼくが会社員になってはじめて知った言葉は「役員」である。

どうやら、会社のエライやつはみんな「役員」らしい。

「役員」って、めっちゃしょぼそうなネーミングなのにギャップがすごい。「部長」とかよりエライってしらなかった。

「役員」は名前がおもしろい。

そのまんま、「役」を演じてるという意味だ。

あらためて、ディズニーランドでたとえよう。

「社長」がミッキーなら、「役員」はドナルドやグーフィー。

「社員」はキャストである。

◆◆◆

そして、もうひとつ「会社」というフィクションに欠かせないものがある。

「ビル」である。

これは、僕がはたらいてた会社がはいってたビルである。

「会社、めっちゃある」と、書いてる自分でもおもう。

フィクション感ぜんぜんない。

しかしである。

ぼくがやめたあと、**会社、別のビルにひっこししたらしい。**

そうおもって、同じ写真をみると、まさに幻をみてるようである。不思議だ。

会社のビルは、「シンデレラ城」とおなじで、フィクション。

「空《くう》」なのだ。

すべてはガンダルヴァ城のようなかたちのものであり、
かげろうや夢に似ている。
『中論』17－33

国も「フィクション」

驚くなかれ。龍樹からすれば「国」もフィクションなのだ。

謎のはなしからはじめたい。

「シーランド公国」という「国」をきいたことがあるだろうか。イギリスから、10㎞くらいはなれた海のうえに、テニスコートとおなじくらいの大きさの要塞がある。

あるとき、漁師がこの要塞を占拠して、**「新しい国、つくったよ！」**と建国を宣言した**のだ。**

これが「シーランド公国」である。

50年くらい前のはなしである。現代でもそんなことあるんや。

しかし、どの国も「シーランド公国」の存在をみとめてくれなかった。

なので、「国」はあくまで自称である。

ほかの国が認めてくれないと、「国」にはなれないのだ。

相手がいないのに、「彼氏です」と自称するようなものである。

しかし、ここに「国」の秘密がある。もし、日本が、「シーランド公国をみとめます」と宣言したらどうなるか。

シーランド公国は、本当に「国」になってしまうのだ。

「国」どうしでさえも、「彼氏」と「彼女」のように、お互い認

めっちゃちっさい

めあって、はじめて成立するフィクションなのだ。

ちなみにだが、ぼくは「シーランド公国」での「爵位」をもっている。これが爵位記である。

燦然と輝く、「ＬＯＲＤ」の称号を見よ。

日本語でいうと「卿」。ヴォルデモート卿とかの「卿」である。

この爵位は、金でかえる。

クラウドファンディングを実施して、爵位をばらまいているのだ。

ぼくも、無職で、肩書がないのが不安になって５０００円で購入した。

いまぼくの唯一の肩書は、「シーランド公国」の「ＬＯＲＤ」である。

「国」も、めっちゃフィクションなのだ。

ここまでの流れをいったんまとめよう。

龍樹からすれば、この世界は、ディズニーランドみたいなものだ。

「家族」「会社」「国」、すべてはフィクションである。

ディズニーランドから外にでたときに、**「現実にもどっちゃう〜」**というセリフを、口にしたことがあるひとも多いはずだ。

でも実はぼくらは、**フィクションからフィクションに移動しているだけなのだ。**

モノさえも「フィクション」

「空《くう》」の哲学がすごいのは、ここからだ。これまでは、人間関係がフィクションという話。

ここからは、**モノさえもフィクション**という話をする。

たとえば、「コップ」。龍樹からすれば、**コップも「フィクション」なのだ**。うそだろ!?

でもよく考えればわかる。「陶芸」をしたことがあるなら、しっているはずだ。

土

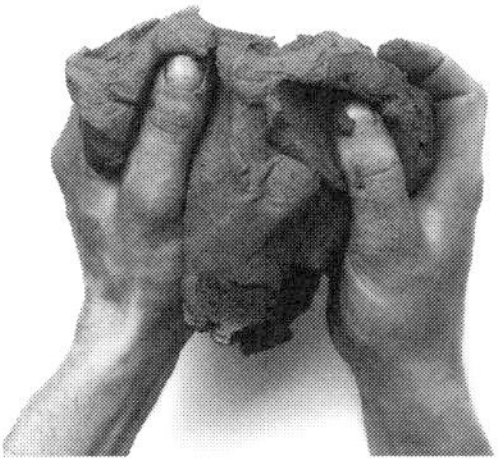
こねこね

ぐるぐる

「コップ」

コップが、もともと「土」だったことを。コップができるまでの図をまとめた。
どうだろうか。
「コップ」のかたちにかわっただけで、「土」である。
「コップ」はことばの魔法がみせる幻なのだ。
その証拠に、あなたとの関係しだいで、「コップ」はどんどん変化する。

花をさしたら「花瓶」になる。
売りたいなら「商品」になる。
捨てたいなら「ゴミ」になる。

「コップ」が幻であることが、わかっただろうか。

おもしろいことに、「コップ」と「私」もお互いに依存

して成立する。

「私」が一方的に「コップ」とよぶだけではない。

「コップ」も「私」をつくってくれるのだ。

どういうことか。

この写真をみてほしい。みよ、このすまし顔。**「コーヒーのんでいる私」**が成立するのも、土が「コップ」をやってくれてるお陰なのだ。

この写真のコップを「土」とおもってみたら、なんかめっちゃ変な人にみえちゃう。

カフェでドヤ顔でコーヒーのんでるひと全員、「コップ」を演じてくれてる土に感謝しろ。

まちも「フィクション」

ものという小さい視点から、大きい視点にしても、ぜんぶちゃんと「フィクション」である。

たとえばこれ。「ビル」である。

龍樹によれば、この「ビル」も幻だ。

ていねいにみていこう。

「ビル」は、コンクリートでできている。

コンクリートって、ようはどろどろの「土」だ。

その意味ではコップと同じだ。

この泥を、かわかして、化粧したものが、「ビル」である。

ちなみに、ビルの窓ガラスも、ケイ砂という砂だ（砂場とかによくあるやつね)。

ようは「土」である。

さて、土で出来てると思って、もう一度、上の「ビル」の写真をみてほしい。

まちって、土でできてるんよ。

土で家をつくってた原始時代から、かわってない。あと、道路とかも、地面にお絵かきしてるだけ。

「まち」は幻なのだ。

今みんながいるたてものも、窓の外の風景も、ほぼぜんぶ、土である。

びっくりするよね。というか、「土」でさえもフィクションである。

もはや、ことばでは表現できないのだ。

ありとあらゆるものは、

「　　　　　　」


である。

これが「**空**《くう》」だ。

すべてはつながっている

ここで気になるのは「空《くう》」がどんな境地なのかである。

すべての幻がきえたら、どうなってしまうのか？

「世界」

（幻がきえる）

どうなる？

「虚無」だろうか？
ちがいま～す。

こたえは、**「ぜんぶつながってる」**である。

これを**「縁起《えんぎ》」**という。
「縁」、つまり、関係性でぜんぶつながっている、という意味だ。エモいよね。

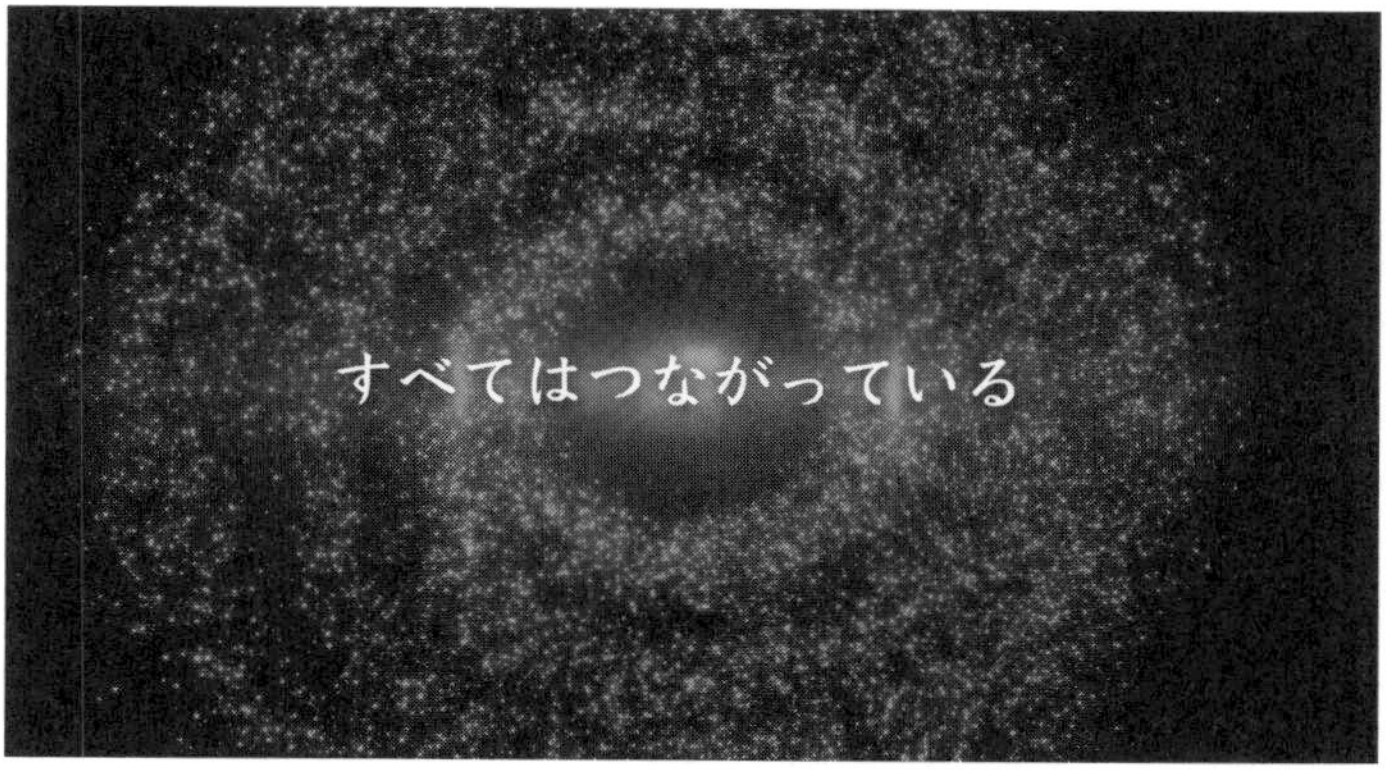

境界線、ぜんぶ幻

「全部つながっている」。

この世界には、ほんとうはどこにも境界線がない。丁寧に、ひとつひとつ見ていけば、境界線が幻であることがわかる。

たとえば、「山」はどこから「山」だろうか？

この写真をみてほしい。富士山のすそのだ。どこまでもボワーっとひろがっている。

どこまでが「山」とか、ない。

写真には、まちもあるが、じつはただの「土」だし、「山」の一部みたいなものだ。

ここまでが「山」ときめて、かってに境界線をひ

いてるだけ。

境界線は幻。ぜんぶつながってる。

本州にすんでるひとなら、その足もとは、ぜんぶ富士山につながってる。

◆◆◆

じゃぁ、「国境」はどうだろうか。

日本は島国なので、バチッと境界線をかんじるはずだ。

日本とアメリカは、「太平洋」というクソでかい海でへだてられている。

自然の境界線だ。幻とはおもえない。

しかし、日本とアメリカの国境線でさえ、幻だ。

こんな図をかいてみた。

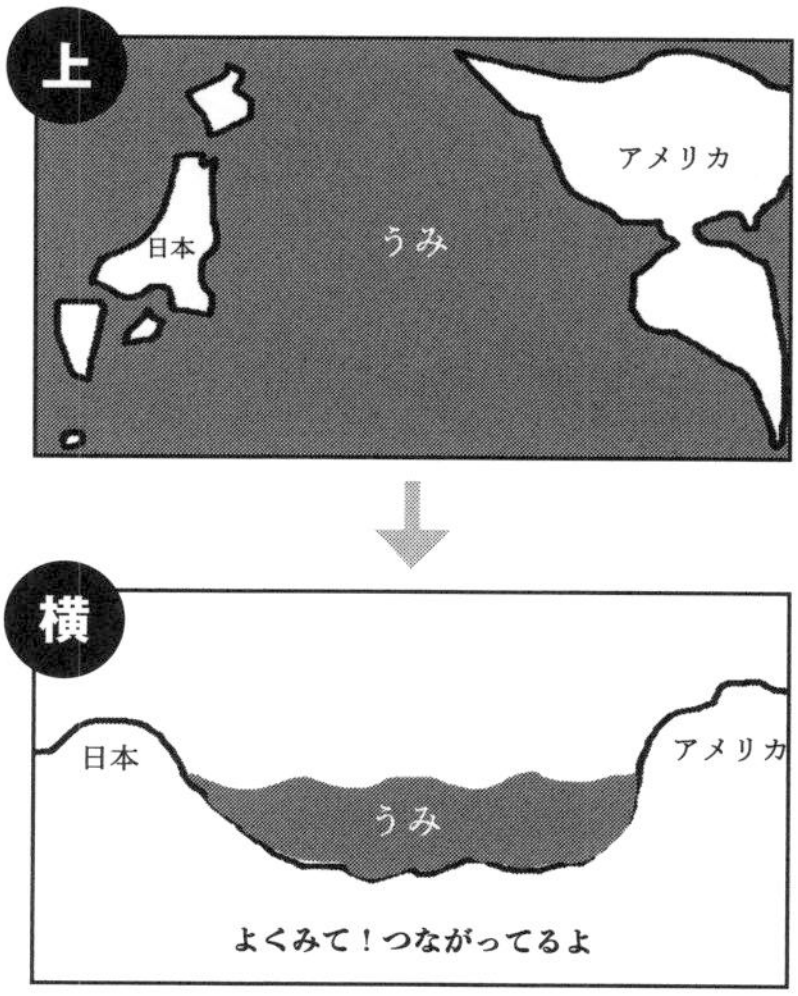

空から日本とアメリカをみてみたら、陸と海できっちりわかれているようにみえる。

でも、横からみたら、こうなってる。

日本とアメリカは、じつは陸でつながってる。

というか、海は陸のうえにある水たまりだ。全部の国、つながってる。

ちょっと考えたらわかるはずなのだが、「5つの大陸」があるとか、幻をあたりまえのようにうけとっている。


富士山は、ニューヨークにも、パリにも、南極にもつながっている。

逆に、日本にいても、チベットの「エベレスト」とか、アフリカの「キリマンジャロ」にも、つながってる。

あなたのいる足もとは、「富士山」だし「エベレスト」だし「キリマンジャロ」なのだ。

なぜなら、境界線は幻だから。

◆
◆
◆

「山」の話をつづけよう。

「山」と「川」の境界線も、幻だ。山をのぼったらわかるが、山道はけっこうしめってる。晴れてても、ビチョビチョだったりする。

山は、雨を吸収するので、ぜんたいてきに水をふくんでいる。

その水がチョロチョロ流れてるポイントが、たくさんあるのだ。そして、そのチョロチョロたちが低いところで合体しながら「川」になる。

ここから「川」、ここから「山」、というポイントは存在しない。

つまり、山と川に境界線はないのだ。

山は全体的に水っぽい。水がおおいところが、徐々に「川」っぽくなっていくだけなのだ。

そしてなんと、**「山」と「自分」の境界線も、幻なのだ！**

「水」のうごきをみてみれば、それがよくわかるはずだ。

水は、「雲」として存在してます。

水は、「雲」から「雨」にかわります。

水は、「雨」から「山」にかわります。しみこんでるから山の一部になる。
水は、「山」から「川」にかわります。
で、水は、川から水道管をとおって、あなたの家にながれてくる。のむ。
水は、「川」から「自分」になります。

なんかポエムみたいになってしまった。
いまAM4時。深夜のテンションこわい。
でも、これ、ポエムというよりは事実なんすよ。

からだの70％は「水」だといわれてる。
つまり、
からだの70％が「雲」
からだの70％が「雨」
からだの70％が「山」
からだの70％が「川」

っていっても、おかしくないやん。
水をのんでるとき、「川」をのんでる、っていってもギリ違和感ないはず。
なら、「雲」をのんでる、ってみかたもできるはず。

水をのむってことは、
「雲」が「自分」になるってこと。
「雨」が「自分」になるってこと。
「山」が「自分」になるってこと。
「川」が「自分」になるってこと。

「雲」がみえたら、その水はいつか「自分」になる。
「雨」がみえたら、その水はいつか「自分」になる。
「山」があったら、その水はいつか「自分」になる。
「川」があったら、その水はいつか「自分」になる。

とおもうと世界のみえかたがかわるはずだ。
じつは、こんなにあたりまえにかんじてる、「自分」の境界線も、幻だ。
ぜんぶつながってるから、「孤独」もフィクションなのだ。エモいね…。

「水」が変化していく図

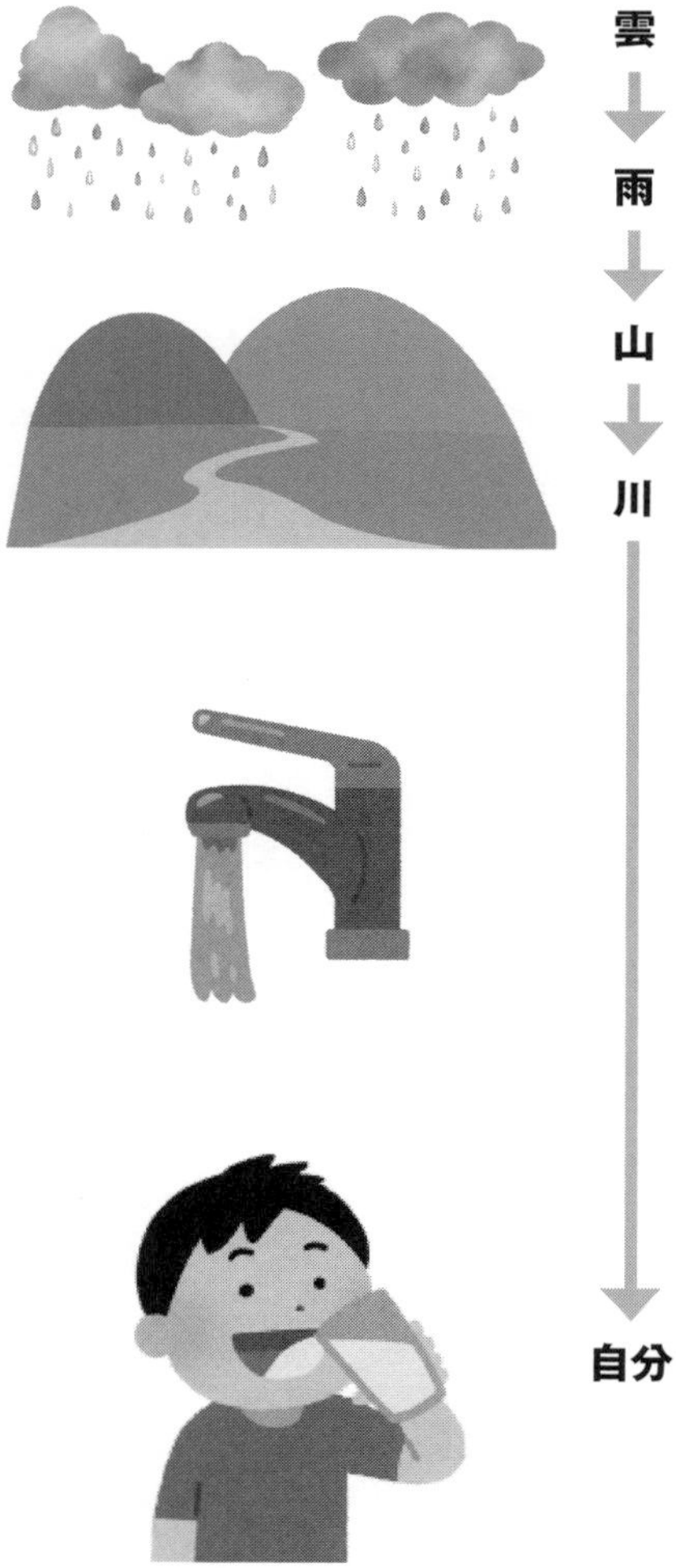

いま深夜4時半だけど、
がんばって図つくったからみて…

そろそろ朝5時だから寝たい、が、もうちょっと書こう。
つぎは「宇宙」の話である。「宇宙」と「自分」の境界線も幻。
最高に深夜っぽいテーマでちょうどいいね。

そもそもだけど、われわれ、「太陽」ないと生きられないじゃないですか。

太陽なくなったら、
・植物が酸素つくれないから、息できなくて死ぬ。
・さむいから水ぜんぶ凍って、喉かわいて死ぬ。
・植物も動物もぜんぶ死ぬから、腹へって死ぬ。
死ぬ要素しかない。

空気も、水も、たべものも、全部「太陽」からうまれたエネルギー。
ぼくらは太陽のエネルギーを吸って、飲んで、食っていきてる。
太陽のエネルギーそのものなんすよ。
てか「自分」ってほぼ太陽。境界線ない。

ほら、「自分」、いっきに宇宙とつながるでしょ。

いまこの文章も「深夜」のテンションで書いてるけど、太陽のまわりを地球がまわってるから「深夜」がある。「深夜」だから「ぼく」がある。

「深夜」があるから「この本」がある。

だからぼくも宇宙だし、この本も宇宙だし、あなたも宇宙やんか。

というか、そもそも「自分」と「宇宙」が別っておもってることのほうが相当おかしい。ラリってる。

たとえば「宇宙旅行」っておかしいよね。


だってここ宇宙やん。


日本にすんでて「日本旅行にいきます」っていってたら変やん。

というか「自分」もどうかんがえても宇宙の一部なのに、「自分」が宇宙と別の存在とおもってるっておかしくない？　宇宙の外にいるつもり？

なんかムカついてきた。アカンかんじの精神状態になってきたのでいったん寝ます。

ひとつのものに宇宙をみる

起きました。

おはようございます。宇宙です。

ここから、東洋哲学の一番おもしろいところに入る。

「空《くう》」を悟ったひとは、どんな風景をみているのか？ である（！）

◆◆◆

「空《くう》」って、「ことばにできない」らしい。

でも実は、ある「お経」には、悟りの世界が丁寧に描かれている。いいんかな？

なので、ぜんぜん悟ってない一般人のぼくたちでも、そのスゴイ世界をちょいのぞきできてしまうのだ。

ちなみに、龍樹は論破ばかりするシャイボーイだったので、

「空《くう》」の世界がどんなかんじか、というエモいことを語らなかった。

かわりに、龍樹の後輩（チャンドラキールティさん）が、「空《くう》」の世界の風景をかいてくれてるので紹介しよう。


一によって全てを見る。

チャンドラキールティ『プラサンナパダー』

いいね〜！　なんか深そう。めっちゃ東洋哲学っぽい。

どういうことか。

たとえばここにひとつの「こめつぶ」がある。

「空《くう》」を悟ったひとは、
この「こめつぶ」に「宇宙」をみるのだ。

これ、ここまで読んできたひとなら、そんなにむつかしくないはずだ。

この「こめつぶ」は、「太陽」や「雲」「雨」「山」「川」はもちろん、「土」「虫」「人間」がいなければここに存在していない。

「こめつぶ」ひとつに、全宇宙のつながりが凝縮されてるのだ。

「一によって全てを見る。」とはそういうことだ。

丁寧にかんがえれば誰でもわかることだ。世間では「こめつぶ」でも、空《くう》の世界では「宇宙」なのだ。２つの視点をもつことがだいじだ。

龍樹もこういっている。

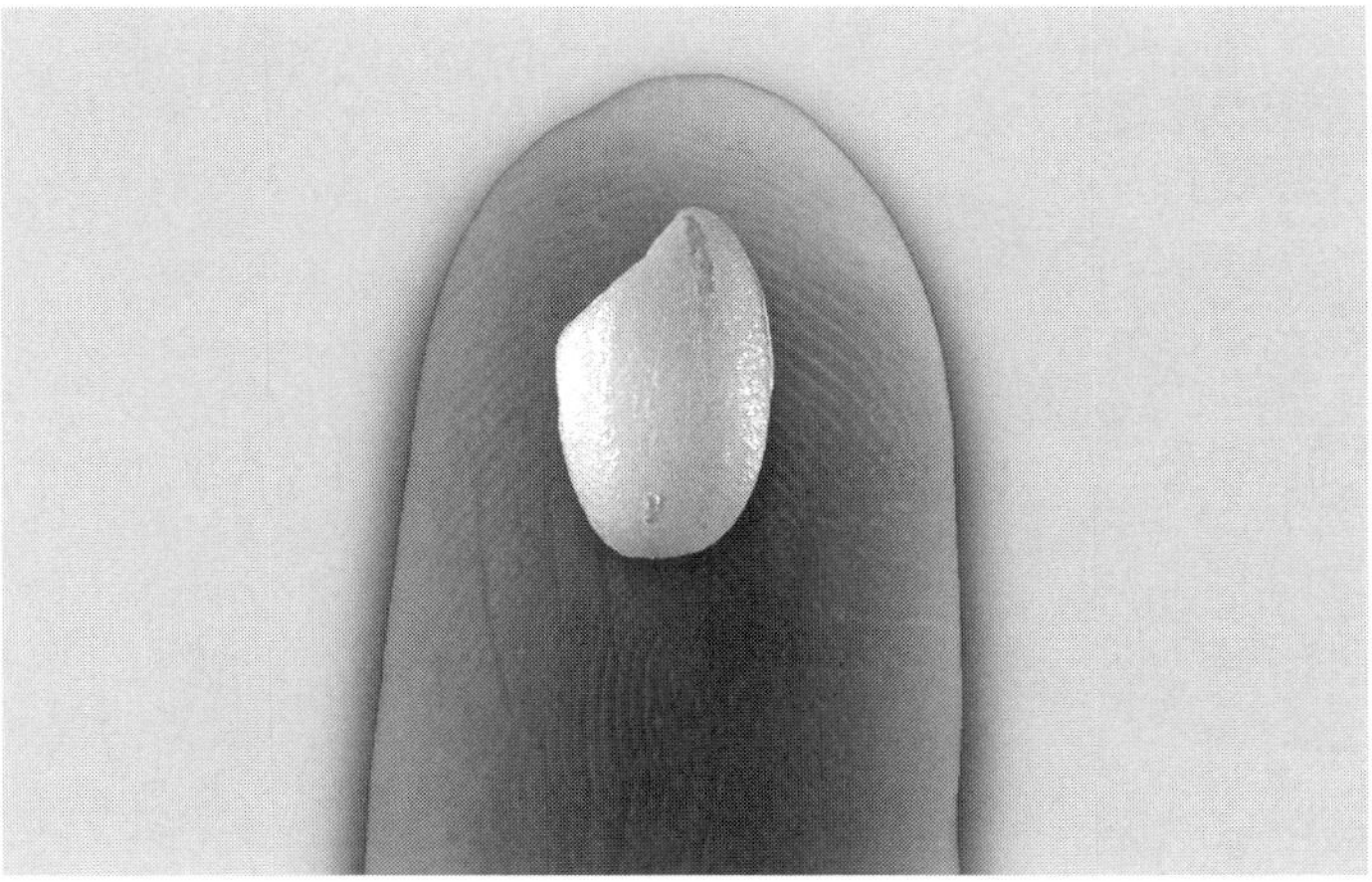

ブッダは、二つの真理によって教えを説いた。

すなわち、「世間の真理」と「究極の真理」である。

『中論』24－8

「世間の真理」は、「こめつぶ」はただの「こめつぶ」ってこと。

「究極の真理」は、「こめつぶ」は「全てとつながってる」ってこと。「縁起」である。

図にするとこんな感じだ。

そして、この2つの視点を、同時にみる、というのが、「空《くう》」をさとったひとの風景だ。

(さとった人も、「こめつぶ」が見えなくなっちゃうわけじゃない。)

するとただのこめつぶが、不思議で、キラキラかがやいてみえてくる。

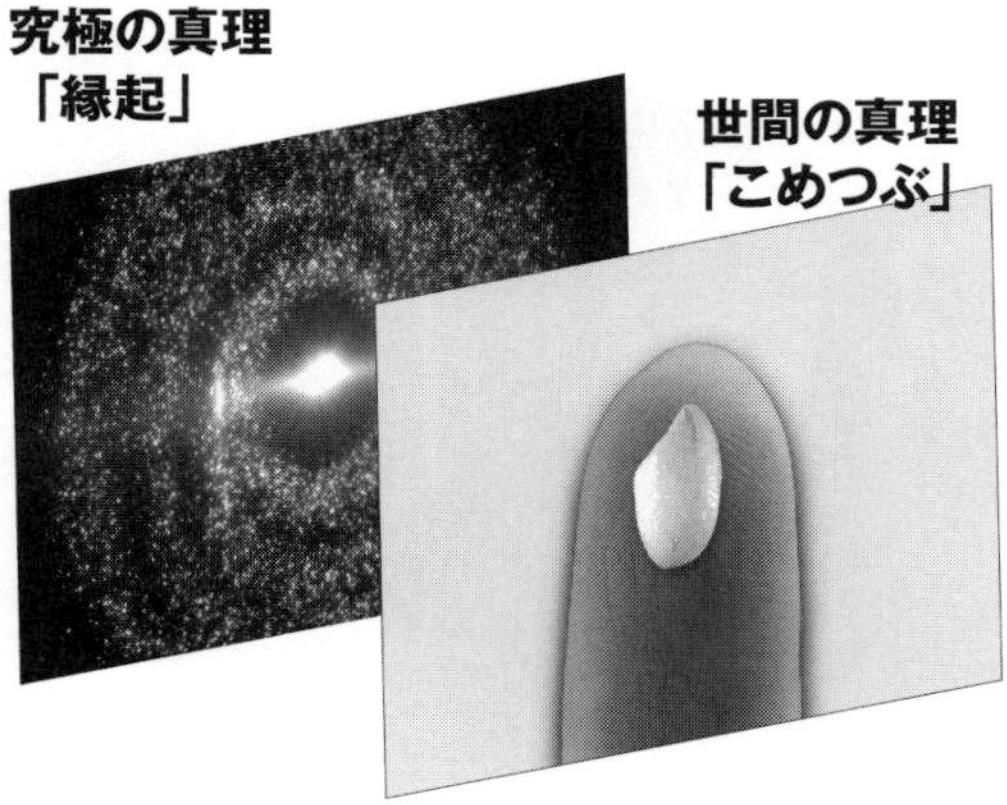

もちろん、「こめつぶ」だけではない。同じことはすべての存在にいえてしまう。
「コップ」も「ファミチキ」も、そして「自分」でさえも！
全てとつながっている。「縁起」なのだ。

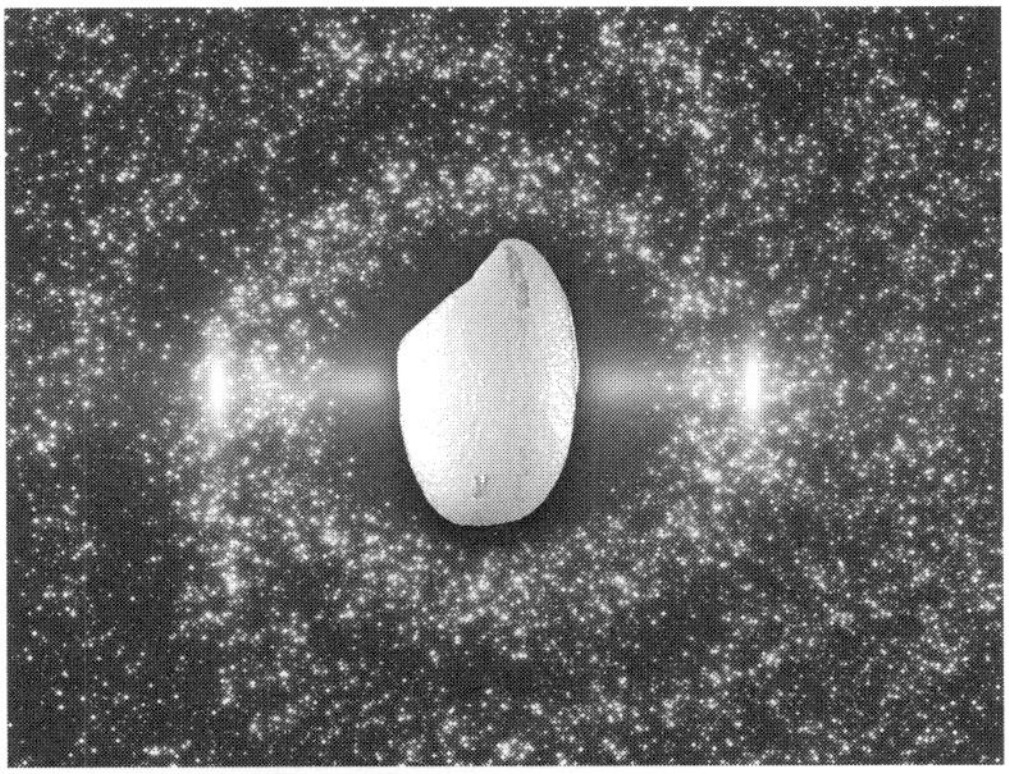

コップも
「縁起」

ファミチキも
「縁起」

あなたも
「縁起」

ぼくは「ひとつのものに宇宙をみる」で、いつも思いだす映画のシーンがある。

『となりのトトロ』のメイちゃんが、庭のどんぐりをてにつかんで

「どんぐり!!!」

と叫ぶシーンである。

たぶんあのときメイちゃんは「どんぐり」に宇宙をみていたのだ。

子どものころ、だれでも同じような経験があったはずだ。

◆◆◆

宇宙、みえてこないかい

龍樹の後輩たちは、さらに考えを発展させたので、紹介する。

「華厳《けごん》哲学」という難しい名前がついている。「お花でかざっちゃうくらい最高な哲学」という意味だ。

「こめつぶに宇宙をみる」画像を、横から、断面図でみてみよう。

こんな感じ（↓）のイメージになるとおもう。

「こめつぶ」は「全て」とつながっている。

「全て」も「こめつぶ」とつながっている。

これを「一即多、多即一」という。

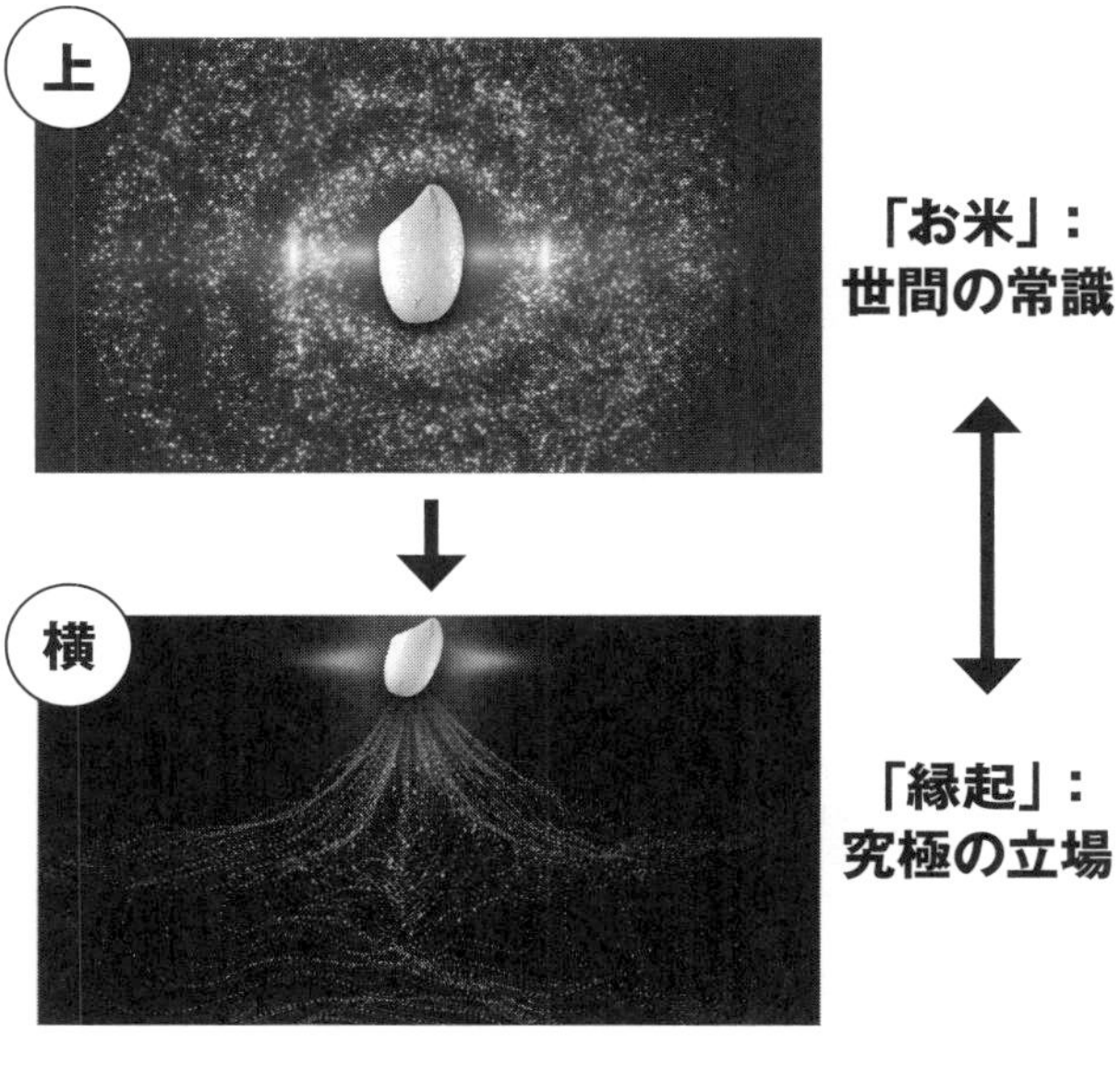

数式にすると

1＝無限

無限＝1

というかんじ。そうなると、である。

「こめつぶ」も「コップ」も「自分」も、みんなけっきょく「宇宙」という点ではいっしょやん。

という結論になってしまう。

さらに、究極にさとったひとは、

「コップ」は「自分」

「こめつぶ」は「雲」

「山」は「ファミチキ」

というふうに、この世界がみえるようになっ

てしまうのだ。

ここまでくると、何いってるかわかんない感じなので、画像いっぱいつかっておしきった。ちゃんと修行して、悟ったらこういうふうにみえるらしい。スゴいね〜。

空《くう》をかんじるとき

ここまで読んで、どうだろうか。

「おれって、宇宙なんだ…」

と、深遠なきもちになったはずだ。

ぼくもである。

しかし、いまスマホに、こんなメッセージが届いた。


「お疲れ様です！　原稿本日締切日となりますが、順調でしょうか？🙏」


仕事の連絡一発。「空《くう》」タイムは終了である。

仕事という、「フィクション」の世界にはいりこんでしまった。

じっさい、今日中に3章までを書ききらないといけないけど、いま、2章の途中だ。絶望。

「空《くう》」だとあたまで理解しても、悟ってないぼくらは、「フィクション」の世界からなかなかでられないのだ。

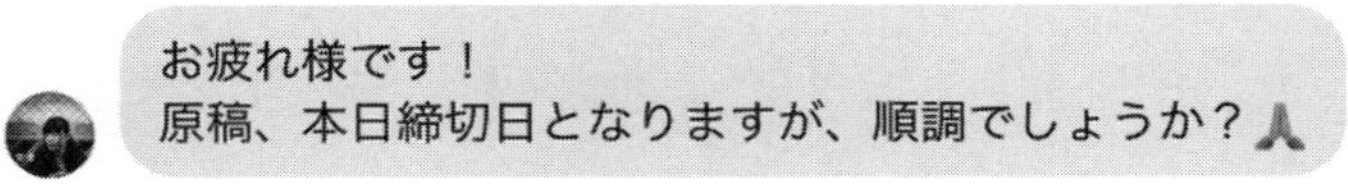
お疲れ様です！
原稿、本日締切日となりますが、順調でしょうか？🙏

その日届いた実際のDM

しかし、そんなぼくら一般人でも、「空《くう》」をかんじられる時があるとおもっている。
そこでぼくが、個人的に、**これ「空《くう》」なのでは…!?** と感じるシチュエーションを、3つ紹介してみようとおもう。
※あくまで個人の感想です

基本的に、強固なフィクションが消滅したとき、「空《くう》」やなぁ、と感じる。
「空《くう》」をかんじるシチュエーション。
ひとつめ。

卒業式の日の教室。

わかる!? この感じ!?
めっちゃ「空《くう》」じゃない？

卒業式。

今日で「学校」というフィクションが消滅する。

「生徒」も「生徒」じゃなくなって、「先生」も「先生」じゃなくなる。「自分」がなにものでもなくなる。

そして、「自分」がなくなるから、机さんも「机」という役割から解放される。

自分から、「机」という役目を解放された、元「机」。

なんかよそよそしい感じがする。

木の板とか、金属のあしが、妙にキラキラしてみえたりする。

人も、モノも、みんなが意味から解放されて、なにものでもなくなったときの、この感じ。

けっして「虚無」ではない。

すがすがしくて、キラキラしてて透明なかんじ。

これが、個人的に「空《くう》」をかんじるとき。

◆
◆
◆

「空《くう》」をかんじるシチュエーション。

ふたつめ。

恋人とわかれた日の部屋。


わかる!?

ふたりの世界というフィクションが崩壊すると、いつもいる部屋が急によそよそしくみえてくる。みえてくるよね？なんか、陽の光とかにあたって、机とかコップとかキラキラみえたりするんよね。

2人用のソファとかも、存在意義うしなってる。

こういうとき、ぼくはだいたい、**空調でゆれるカーテンをずーっとみてる。**

カーテンからもれでてくる日差しとか、影とか。いがいと複雑で神秘的なんだよね。

恋人だけじゃなくて、「別れ」全般でおなじことがおきる。

かってた犬が死んだ日の家もこんな感じだった。

これ、何がおきてるかというと、**人間関係が解消することによって、ことばの魔法もきえるということ。**

ディズニーが倒産したあとのディズニーランドみたいなもんで、ありのままのすがたになるんだとおもう。

面白いのは、**人間とのつながりがなくなったときに、はじめて自然とつながれること。**

カーテンといっしょにゆれる太陽の光にはじめて気づける。

あと、家族モノの日本映画。だいたいおばあちゃんの葬式があるんだけど、葬式のあとのカットってだいたい小鳥がチュンチュン鳴いて、風がふいてるさわやかな朝からはじまったりしない？

いつも見慣れた景色が、ちがってみえます、的な。家族のメンバーが死ぬと、フィクションが崩壊する。そういうときの風景をえがくとこうなるんだと思う。

ここで龍樹のことばをひとつ紹介しよう。


幻術師が幻をつくり出して、次いで消し去ったときには、なにものも存在していない。

『大乗についての二十詩句篇』17

恋人とわかれた日の部屋とか、完全にこれだよね⁉


「別れ」は、かなしいけど、同時に解放でもあったりする。

「自分」という存在が、世界ごと消滅してしまう。

「恋人とわかれたら、死ぬ」とか、おもったことある人いるかもしれないけど、わかれたあと大体みんな健康に生きてるやん。

当時の「自分」からすれば、いまの「自分」は死後の世界にいるのだ。

この不思議なかんじ。「空《くう》」っぽい。

「空《くう》」をかんじるシチュエーション。
みっつめ。

飲み会でどのグループにもはいれないとき。

これは、３ヶ月前の飲み会で、じっさいにぼくの身におきた出来事である。

当時の席配置はこう（↓）である。

しかし、「おじさん」と「おばさん」のグループで、会話がきれいに分断されてしまったのだ。

ぼくのまえに座ってたおばさん、なぜかずっとスマホさわってて、キツかった。

ほくは完全に孤立した。

そのときである。

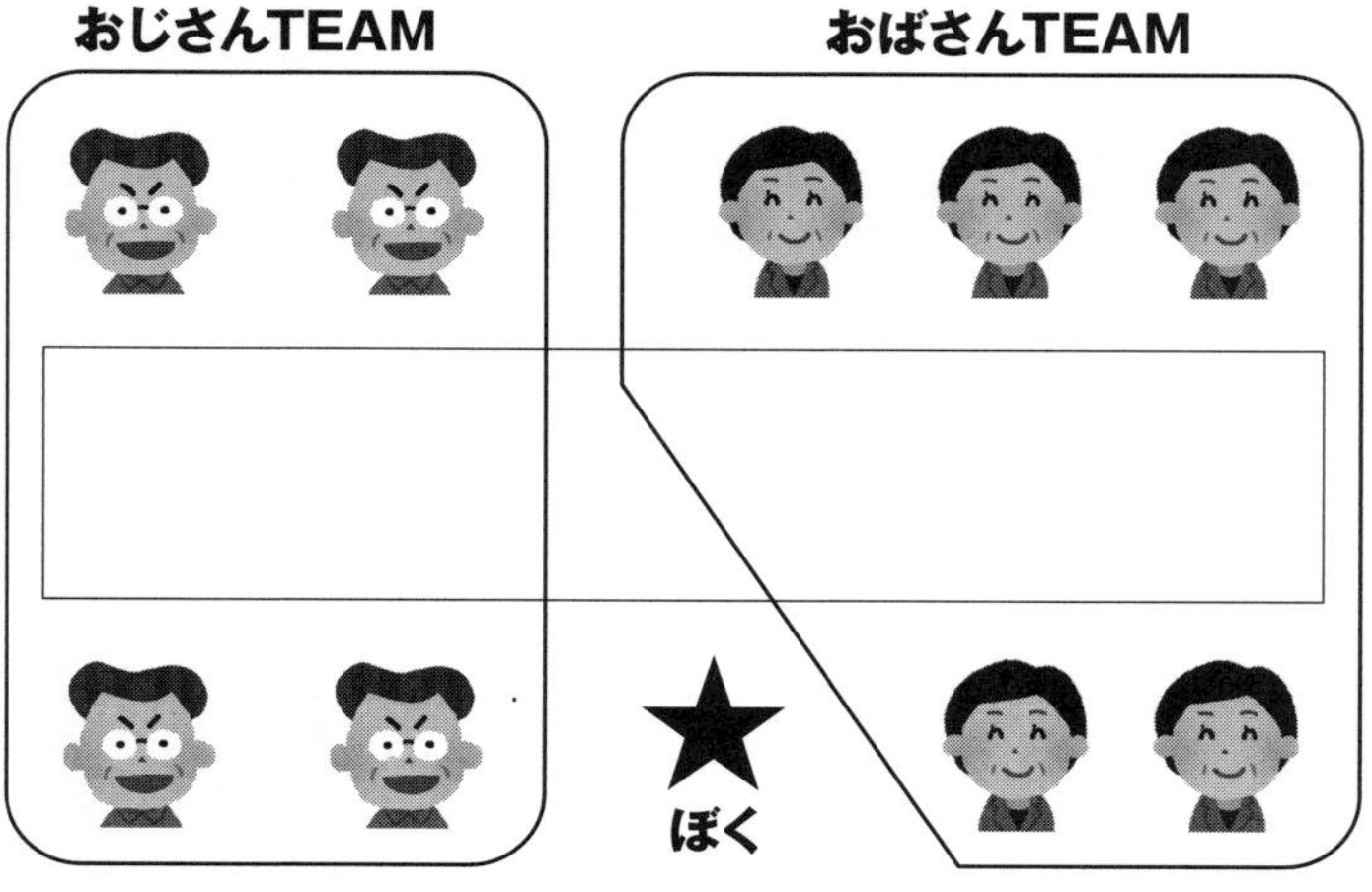

急に、めのまえの景色が、透明感をおびて、
キラキラ輝き出したのだ。
うお、これ「空《くう》」っぽい、とおもって写真
におさめた。
わかる!? この感じ。
会話っていうのは、フィクションなんです。
フィクション世界にはいろうとおもって、
はいれなかったとき。
そこは「空《くう》」なのだ。（たぶん）

ぼくはこの、飲み会で孤立することで、
「空《くう》」にいたる現象を
「居酒屋のブッダ」とよんでいる。

わかる!?

とつぜん、飲み会で「成仏」してる人、よくいるけど、あれ。

孤立。ふつうは、絶望のシチュエーションだ。

でも、**逆なのだ。**

孤立し、あらゆる人間関係のフィクションが崩壊したとき、**あなたは全てとつながる。**

そこが「縁起」の場所なのだ。

全てはつながっている…

◆
◆
◆

①卒業式の日の教室
②恋人とわかれた日の部屋
③飲み会でどのグループにもはいれないとき

以上、ぼくが「空《くう》」を感じるシチュエーション3選でした！
龍樹がいったんじゃないよ。
ぼくが勝手におもってるだけだよ!!

すべての悩みは成立しない

東洋哲学がいいのは、「哲学のための哲学」をしないこと。

必ず**「ラクになる」**という目的がある。

では、「空《くう》」の哲学から学べることはなにか？

「すべての悩みは成立しない」ということなのだ。すごい。


ぼくらは、「自分」について、悩む。

やっぱり「自分」は**「弱い」**人間なんだ…

やっぱり「自分」は**「悪い」**人間なんだ…

やっぱり「自分」は**「無な」**人間なんだ…

なんとなく、自分の、「かわらない本質」を想定して、誰にもバレないように、隠しながら生きている。

しかし、である。**龍樹なら「空《くう》」の哲学で、そんな悩みを完全論破してくれる。**
「空《くう》」の哲学からいえること。
それは、**自分の「かわらない本質」は、存在しない。**ということだ。
じっさいの龍樹のことばもみておこう。

> 愚か者は、存在に不変の自体（我）を考え、
> 「ある」とか「ない」とかと
> 倒錯する誤りのために煩悩に支配されるから、
> 自らの心によって欺かれる。
>
> 『六十頌如理論』24

めっちゃ早口でいってそう。
「愚か者」っていいかたがひどいけど面白い。
要は、**自分の「かわらない本質」があるとおもってるやつは、バカ。**
と、論破している。バカっていうな。

どういうことか。シンプルなところから考えよう。
身長のことを考えてほしい。
あなたは「大きい」「小さい」どっちだろうか？
パッと回答してみてほしい。
正解は、**「場合による」**だ。
あなたが2メートルでも、ヒグマより「小さい」。
あなたが1メートルでも、ヒトデより「大きい」。
そもそも、「大きい」も「小さい」も、フィクションなのだ。
この世界に、
「大きい」という、かわらない本質をもつもの
「小さい」という、かわらない本質をもつもの
は、存在しない。

ウザたのもしい

ぼくらの本質は「大きい」でも「小さい」でもない。

「場合による」としかいいようがない。

そもそも、すべてはつながっている。そこからきりだしてきたものを、「大きい」「小さい」ということ自体が、成立しない。

「空《くう》」の境地では、「ヒトデ」は「自分」だし、「あなた」は「ヒグマ」なのだ。

宇宙と宇宙をくらべてもいみがない。

「大きい」「小さい」だけではない。すべておなじだ。たとえば「強い」「弱い」。

ジャイアンが「強い」でいられるのは、のび太が「弱い」でいてくれるからだ。

かりにジャイアンが、サウスブロンクスの

ヒップホップコミュニティにいけば、一瞬で「弱い」になる。

「善い」「悪い」もおなじだ。

ぼくらはついつい、だれかを「本質的に善いひと」だとか「本質的に悪いひと」だとか決めてしまう。

そんなことはありえない。善悪もただのフィクション。場合による。

かわらない本質というものは存在しない。「空《くう》」なのだ。

たとえば「善い」ヒーローになりたいなら、かならず「悪い」人を必要とする。

だれかが殺人事件をおこしてくれないと、コナン君は「善い」人間になれない。

ここで、おもしろいのが、「有る」「無い」でさえも、フィクションだということだ。

すぐにはピンとこないとおもう。

どういうことか。

たとえば、あなたが友達の家にあそびにいったとする。

そこで友達が**「5000兆円、無いな〜」**といって部屋で5000兆円をさがしまわっていたら、どう思うだろうか。

友達のメンタル、超心配。

5000兆円が「有る」前提じゃないと、5000兆円が「無い」という事態はおこらない。

これは極端な例だが、「有る」「無い」がフィクションだとわかると、多くの悩みの正体もわかる。

たとえば、**「彼氏がいない」という悩み**。

これは、「彼氏がいる」が当たり前だから、うまれる悩みなのだ。

たとえば、赤ちゃんは、「彼氏がいない」ということに悩まない。成人でも「彼氏がいる」が当たり前じゃない人は、悩まないはずだ。

「お金が無い」という悩みもおなじだ。

所持金が500円でも、小学生は「お金がある」とおもうだろうし、所持金が5千万円でも、石油王は「お金がない」とおもうだろう。

あと、「無職」もそうである。

無職になったとき、無職のともだちがいたけど、ふたりの無職があつまれば、無職がふつうになる。

わざわざ職が「無い」ことを意識しないし、悩みも発生しなくなるのだ。

◆◆◆

ここで、まとめてみよう。

「強い／弱い」

「善い／悪い」

「有る／無い」

ぜんぶ、フィクションである。

フィクションの世界をでてしまえば、そこは「空《くう》」。

すべてがつながってる「縁起」の世界なのだ。

「強い／弱い」「善い／悪い」「有る／無い」、すべて、縁しだいで、どんどんかわっていく。

自分の「かわらない本質」は成立しない。つまり、**不変の「個性」、不変の「性格」、不変の「アイデンティティ」は、ありえない**のだ。

これ、「空《くう》」の哲学の、すごく大事なポイントだ。

ぼくたちが、悩むときにやってしまいがちなこと。

「自分は弱い」と、前提をおいて、だから「恋人ができない」と、結論づける。

こんなかんじで、論理をくみたてて、なやむ。

龍樹、こういうのぜんぶ論破してくるよ。気をつけて。

まず、自分が「弱い」という前提がおかしい。

「強い」というペアの相手がいないやん。

相手がいないのに「彼氏です」って自称するのと同じくらい、おかしい。

「自分は弱い」という前提が成立しないので、「彼氏ができない」という結論も、成立しない。

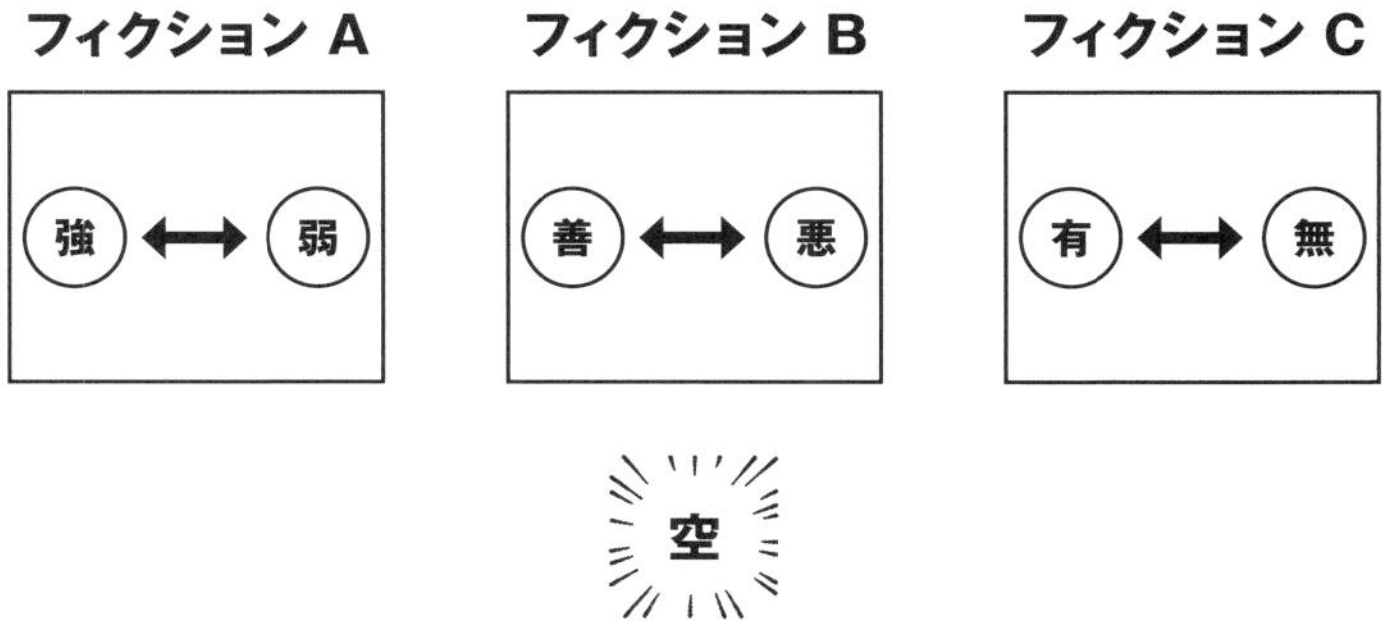

「自分は弱い」だから「恋人ができない」
こういう悩みは、ぜんぶ成りたたないのだ。

こういうのも、成りたたない。
「自分は才能が無い」だから「仕事ができない」

龍樹は、こういうまちがった思考を、「戯論《けろん》」とよんだ。
「クソしょうもない考え」という意味だ。
自分で「クソしょうもない考え」の中にはいりこんで、でられなくなっているのが、ぼくたちの姿なのだ。

たとえば、ある愚かな人がぬかるみを自らつくって（そこに）落ち込むように、人々は超えがたい邪《よこしま》な考えのぬかるみの中に沈んでいる。

『大乗についての二十詩句篇』10

ひどい。ひどいけど、龍樹の「空《くう》」は、実はものすごく前向きな哲学だ。

そもそも、すべての悩みは成立しないのだ。
だから、ぜったい大丈夫なのだ。

なにより、龍樹の人生が、「空《くう》」の哲学のただしさを、証明している。
若いときは「クソ野郎」で大失敗したが、仏教の道で「菩薩《ぼさつ》」にかわれた。
インドの論破王、龍樹は、われわれの悩みを、すべて論破したうえで、

ぜったい大丈夫だと伝えてくれているのだ。

ぼくと「空《くう》」

次の章に入る前に、ここで、ぼくにとって、「空《くう》」がどんな意味をもったかを書いてみる。結論からいうと、**「空《くう》」の哲学で救われた人生だった。**

大学時代、ぼくは完全に調子にのっていた。典型的な「意識が高い学生」だった。意識「だけ」高い学生である。息をするように「起業」「グローバル」のような言葉をはいていた。

いまおもえば、中身はからっぽ。でも、夢はいっぱい。そんな学生だった。学生時代は、中身はもとめられない。「すごいヤツ」風にみせることで、友達もたくさんできた。学生生活は充実していた。

そんなぼくには、ひとつだけ、凄まじい才能があった。

「面接」が最強に得意だったのだ。

天は、大谷翔平に「野球」の才能を、ぼくには「面接」の才能をあたえた。

面接官がもとめる人物像が、手にとるようにわかる。

①自分のできること
②やりたいこと
③御社に貢献できること

ぼくは、いつでも、瞬時に、この３つでストーリーをつくりあげることができた。

しかも、そのストーリーを本当だと信じこんで話すことができた。

正直、面接でなんど「ゾーン」に入ったかわからない。

面接官の動きは完全に止まってみえた。

その結果、社の面接史に名をのこすレベルで爆発的な高評価をえて、当時ブイブイいわ

あのころのぼく

してた、IT企業に入社した。

入社前から、なぜかひとりアメリカに派遣されたし、最初の配属も社長直下だったたし、謎の立場だった。

ところが、である。入社後、問題がおきる。

ぼくは、シンプルに、
ぜんぜん仕事ができなかった。

締切恐怖症で、ほぼすべてのタスクがおくれた。

連絡恐怖症で、メール1通かえすのに1週間くらいかかってた。

こんなに仕事ができないと全然おもってなかった。

自分のことながら、本当に驚いた。

理由もシンプルだった。

面接で無双してたぼく

勉強と違って、仕事は「チーム」でやるものだ。そして、ぼくは、「チーム」でうまくやれた試しがない。

まず思い出すのは、小5のときだ。

バスケのチームに体験入部したとき、**敵にわざとパスし続けるという奇行にはしって、初日で追放された。**

中学時代も「上下関係がキモい」というトガった思想をつらぬいて、学年で1人だけ、部活に入らなかった。

「チーム」でうまくやれないというか、「チーム」のアンチである。

そんなやつに、仕事ができるはずがなかった。

会社での期待値と実力の差が、ほぼ詐欺師レベルではなれていた。

「あいつ、じつは仕事できなくない？」とバレはじめたので、「まずい！」と思い、死期をさとった猫のように、

ひっそりと退職した。

異常な高評価で入社したわりに、消えるようにやめたので、人事的に、ぼくの存在は黒

歴史になったかもしれない。（ほんとすいませんでした）

しかし退職しても問題があった。

会社いがいでも、「デキるやつ」を演じて人間関係をつくっていた。

「みんなスマン！ワイ、ぜんぜん仕事できないやつでした〜！」とか、いえるわけない。

自分が「からっぽ」だとバレたら、全ての人間関係がきえる。

孤立。社会的な「死の恐怖」がめのまえにあらわれる。

なんとしても、「死」は避けなければ。

しかし、状況的には詰んでいる。「チームで仕事ができない」のは致命的な欠点である。

ほかの会社に転職しても、うまくいくはずがない。

革命戦士になるため島へ

そこで、社会的な「死」をふせぐ一手をみいだした。

「資本主義に対する抵抗」

というストーリーをぶちあげて、東京での生活をすてて、鹿児島にある島に移住することにした。自分の「からっぽ」さを隠すための、壮大すぎるストーリー。

しかも、価値を大逆転できるストーリーなのだ。革命である。

大企業で「仕事ができる」やつは、**「資本主義の犬」**と位置づけられる。

ぼくのように「仕事ができない」やつこそ、むしろ**「革命戦士」**となる。

ぼくは「闇」の支配者「資本主義」から、世界をとりもどす「光」の存在となった。

ぼくが「光」になるために、資本主義関係者のみなさまには「闇」になっていただいた。

（すいませんでした）

島は、スローライフで、みんなやさしいだろうし、東京基準で「仕事ができない」でも大丈夫なはずだ。

――**「島の子どもたちに最高の教育を」**という美しいヴィジョンをかかげた、転職の投稿には、人生史上最高に「いいね」がついた。

よかった…。社会的「死」は、いったんさけられた。

これで、みんなのなかにも「自分」は存在しつづけられる。

革命戦士に転職することにした

しかし、結論からいうと、**この移住も、全くうまくいかなかった。**

東京だろうが、島だろうが、仕事は「チーム」でやるものだ。

しかも、島のほうが、登場人物が多様で、**圧倒的に難しかった。**

ヤ◯ザみたいな見た目のヤンキーとかいっぱいいたし、めっちゃ怖かった。

とくに資本主義とか関係なかった。シンプルにチームプレイができなくて、終わった。

「からっぽ」すぎる自分をみとめることができず、ふとんの中でひきこもる生活がつづいて、2年で仕事をやめた。（島でかかわってくださったみなさん、ほんとすいませんでした）

芸人になることにした

やめて、どうする。

「あいつ、もう島やめたんだ」っていわれる気がする！怖い！

またしても、社会的「死」の危機だ。

資本主義を否定した以上、会社員にもどるのも気まずい。

チームで仕事できない。なら、ひとりでできる仕事じゃないと。

そして、ある考えがうかんできた。


「もう芸人になるしかない」


芸人には、「チーム」は必要ない。ひとりで活動できる。

なにより、**まわりの友達にも「おもろいことやってるやん」と思ってもらえる。**人間関係を失わずにすむ。

もちろん、芸人は厳しい世界である。最大の課題は、「面白いかどうか」だ。

望みはあった。

小学校の時、酒井せんせいにこう言われたのだ。


「しんめいくんおもろいなぁ！　将来は芸人やね！」

こういう一言は、けっこう心に残ってるものだ。先生の言葉を信じて、芸人になることを決意して、SNSに投稿した。

投稿には、人生史上最高に「いいね」がついた。

社会的生命は延命された。もう進むしかない。

「優勝します！」とぶちあげて、「R—1ぐらんぷり」という日本最大のピン芸人の大会のために、ネタをつくる日々がはじまった。

しかし、何度か、地下ライブにでているうちに、痛感した。

「自分、全然おもんないんやな…」

心がおれてしまった。

またしても、ふとんに引きこもってしまった。（応援してくれたひと、すいません…）

そのまま本番をむかえたが、**ひと笑いも起こらず、1回戦で敗退した。**

ぼくの芸人挑戦に刺激をうけて、「おれも出てみます！」っていってた後輩、1回戦突破してた。

当時、じつは芸人になることさえ応援してくれる、異様に理解のある妻がいた。

本番も、地下にある会場にかけつけてくれた。

そんな妻が、ネタの間、ずっと腕をくんで「へ」の字の口をしていた。

終わった後、「ここまで面白くない人だとおもわなかった」と吐き捨てられ、その後ほどなく離婚した。

芸人は引退することにして、無職になった。

からっぽになったら「空《くう》」が心に沁みた

実家にもどって、ふとんにひきこもった。

なにをやってもダメだった。もうおわりである。

「からっぽ」をかくすためのストーリーのバブルは、ぜんぶはじけてしまった。

島への移住。芸人挑戦。うわべの経歴だけは面白く語れるが、じっさい、大部分ふとんで寝てただけだ。中身はからっぽである。

まじめに頑張ってた友達は、30代になって出世しはじめた。

有名な雑誌の「世界を変える30人」とかに選ばれたり、「注目の起業家」としてメディアにでてたり、なんかすごそうなものに就任したりしてる。

就任…。おれもなにかに就任したかった…。

そしてなにより、自分とちがって、みんな、誰かの役にたっている。目立つ人も、目立たない人も、自分の役割をこなしてる。

ぼくは自分がどうみえるかだけを考えて生きてきた。

おそろしく「からっぽ」である。


そんなときに目に入ったのが、**東洋哲学**だった。

実家の本棚に、学生の時にかかっていた「空《くう》」にかんする本があった。

「夢いっぱい」だった学生時代は、わからなかった東洋哲学の言葉。

「からっぽ」になったいま、心にブッ刺さるようになっていた。

「空《くう》」の哲学。

「自分」とは、そもそも「からっぽ」だ。

そして、「からっぽ」だからこそが最高なのだ。

まさに、ぼくのための哲学だった。

これまで、ぼくは「からっぽ」であることを隠すためにがんばってきた。「からっぽ」は最高なのに、「からっぽ」をかくすことに苦しんできた。アホだった…。じっさい「からっぽ」になってみえる世界は、マジでめちゃくちゃキラキラしている。「からっぽ」だからこそ、自然が「自分」にはいりこんでくる。

「海は自分だ」ってかんじが、ふつうにする。

おぼえているだろうか。飲み会で、あらゆる人間関係から、孤立したとき。まわりがキラキラみえる現象。**「居酒屋のブッダ」**現象である。

離婚して無職になり、「家族」「会社」「社会」というフィクションが崩壊したぼくにも、
同じ現象がおきたのだ。

人間関係が崩壊したことで、すべてとつながっている場所にもどってきたのだ。

ここで、**「空《くう》」**の哲学をしらなければ、「孤立」↓「自己嫌悪」↓「さらに孤立」という負のループに入りこんでいたはずだ。

しかし、「空《くう》」の哲学をしることで、すべてがつながっている、このキラキラした場所を安心してたのしむことができる。

とくに、社会復帰したわけではない。ふとんのなかにはいったままだ。

でも、ふとんにはいったまま、「それでもいい」とおもえるようになった。

ふとんでも、よかったんかい！

「空《くう》」の哲学、おそるべし！サンキュー龍樹。

ふとんでも、よかったんや

中国編

3章 道《タオ》

ありのままが最強

老子と荘子の哲学

ここから中国編にはいる。
じつはこれから紹介する中国の哲学は、インドの哲学とおどろくほど似ている。
インドで**「空《くう》」**の哲学がうまれて、
中国では**「道《タオ》」**の哲学がうまれた。
「道《タオ》」もまた、「空《くう》」とおなじように、

「この世界はフィクションだ」

「すべてのものはつながっている」


という哲学なのだ。

だいたい一緒なことをいっている。

「じゃあもうこの章、読まなくていいやん」と思うかも知れない。

でも、同じようにみえるインドと中国の哲学には、ひとつ、ものすごく大きな違いがある。

「タオ」とよみます

ゴールが正反対なのだ。

どういうことか。

インドの哲学は、「この世界はクソ！」だと思っている。

もう二度と生まれかわりたくない。

この世界から「解脱」するのがゴール。


一方、中国の哲学は、「この世界はサイコー！」だと思っている。

だから仙人みたいにめっちゃ長生きしたい。

この世界を「楽しむ」のがゴール。

あくまでざっくりね！

だから、中国の「道《タオ》」の哲学からは、**「どうやったら人生がうまくいくか」**という、処世術もみちびきだせちゃうのだ。

どう？魅力的じゃない？

「道《タオ》」をまなべば、仕事も恋愛もうまくいく。

進研ゼミの布教マンガのテンションで、その哲学を紹介していこう。
この章では「道《タオ》」を哲学した、「老子《ろうし》」と「荘子《そうし》」という2人の人物を紹介する。

老子ってどんな人

いまから2500年前。つまりめっちゃ前。インドでブッダが活躍していたのと、奇跡的に同じタイミングで、中国にもとんでもない哲学者が出現していた。

「老子」である。

やばすぎる哲学「道《タオ》」を説いた、伝説の人物である。伝説すぎて、ほんとうにいたのかわかんないらしい。

でもいいのだ。

「いる」とか「いない」とか、くだらねぇことは気にすんな。どっちでもいいのだ。東洋哲学だからね。

◆◆◆

これが老子である。

老子の公式画像、どれがつかえるやつかわかんなかったので、AIに「老子っぽい人の画像つくって」と言ったらこれがでてきた。

たしかに老子っぽいので、これでいいのだ。ほんとにいたかわかんない人だしね。AIの画像くらいでちょうどいいのだ。

草ボーボーの石にすわってるだけで、満足してるおじいちゃん。

あまりに自然と一体化しすぎている。
人間というより、**ほぼ草**である。
ちかくを通り過ぎても、たぶん「人」と気づけない。

ありのますぎ

老子は、「無為自然《むいしぜん》」の生き方を説いた。
といわれている。
超ざっくりいうと**「ありのままでいい」**ということだ。

そう。資本主義社会につかれた現代社会で、大流行中の「ありのままでいい」。「ありのままでいい」の親玉が老子なのだ。みんな老子のパクリなのだ。

ところで、である。

ぼくは「ありのままでいい」という人は、基本的に警戒している。

そういうこと言うやつにかぎって、金もってて、顔までいいやつが多い。信用ならねぇ。

典型は「ありの〜ままの〜」と歌う、某ディズニー映画の某雪の女王だ。

エルサ、そもそも姫だし、高そうなドレスに宝石つけてメイクばっちりで「ありのまま」は無理あるって！　マジで！　おれは怒ってるよ！
その点、老子は、完全に信用できる。**ほぼ草だから。**
草が「ありのままでいい」という説得力、すさまじい。
これが老子である。最高だ。
まぁ、いたかいなかったかわかんないんだけどね。

荘子ってどんな人

次に紹介するのは、**「荘子」**である。「しょうこ」ではない。「そうし」とよむ。

荘子は、老子の弟分みたいな存在だ。

老子よりも100年くらい後の人物なのだが、思想がちかい。

「老子」と「荘子」の哲学は、「**老荘思想**《ろうそうしそう》」とよばれる。「名古屋」と「神戸」で「名神高速」みたいなかんじや。

いちおう、荘子は「ほんとにいた」っぽい人物である。

まぁどっちでもいいいんだけどね。

「ほんとにいた」っぽいので、ちゃんと肖像画がのこっている。

荘子はこんな（↑）人である。

老子とはぜんぜん違う。

ハゲワシのような鋭い眼光。涼風になびくアゴヒゲ。着物をオーバーサイズできこなし、立てたえりもとにさりげないセンスが光る。

この威風堂々のオーラ。

大臣か？ いや、大学者か？ ヤクザの組長か？

しかし、まったく驚くべきことに、

「無職」なのだ。


荘子は、**人生の大半を無職としてすごした。**

無職なのに、このオーラ…。衝撃である。

おなじ無職として断言するが、無職になると、「無職の顔つき」になる。目力がなく、どこか暗く、うつろな表情。

「自分なんかが、この世に存在してすいません」

そんな顔になってしまうものだ。

しかし、荘子の「顔」をみよ。

「おれは存在していていい」と、10000%肯定している「顔」だ。

無職なのに、である。


そして実際、無職のまま、**「ありのままでいい」**という考えをつたえたら、歴史に名をのこした。

無職なのに、である。

しかも、荘子の本の名前は『荘子』である。

大起業家スティーブ・ジョブズも『スティーブ・ジョブズ』という本があるがそのレベル、いやそれ以上かもしれない。

無職なのに、である。

無職であることを恐れるものは、全員、荘子の哲学を知るべきである。

荘子という人間の、途方もないスケールに圧倒され、「無職」という悩みは、完全にきえさるだろう。

老子と荘子――「ほぼ草」と「無職」。

このふたりが、「ありのままでいい」と確信できる哲学。

「道《タオ》」の哲学を、これから紹介していこう。

道《タオ》とはなにか

さて「道《タオ》」とはなにか。

ひとことでいうと「宇宙を生みだす根源の力」というかんじだ。スケールでかい。

老子のことばを紹介しよう。

老子の唯一の本『道徳経《どうとくきょう》』の、いちばんさいしょにでてくることばである。


「道の道とすべきは、恒の道にあらず。」

老子「道徳経」1章

――「道《タオ》」ってことばにしちゃったら、もう真の道じゃないのよね

なんか深いぜ。まぁとにかく、「道《タオ》」は言葉にならねぇくらいすごい、ってことである。

「道《タオ》」がどんなものか、もうすこし老子のことばをみてみよう。

「これを視れども見えず」
——「**道**《タオ》」**は、みようとしても、みえない。**

老子「道徳経」14章

「これを聴けども聞こえず」
——「**道**《タオ》」**は、きこうとしても、きこえない。**

老子「道徳経」14章

「これを搏れども得ず」
——「**道**《タオ》」**は、つかまえようとしても、つかまえられない。**

老子「道徳経」14章

「詰を致すべからず」
——「**道**《タオ》」**は、とうていはかり知れないものである。**

老子「道徳経」14章

「道《タオ》」は、つかみどころがない。
それゆえに、はかりしれないパワーをもっているのだ！
どんなパワーか。「全て」の存在を生みだす力である。
また、深そうな言葉を紹介する。

「名有るは、万物の母なり。」
老子 「道徳経」 1章

――名前があるとき、道は「万物の母」である。

「万物の母」。すごいことばである。
「道《タオ》」の哲学のいいところは、解釈が自由なところだ。
ブッダや龍樹は、厳密な言葉でかたる。
老子はぼやっとした言葉でかたる。
読者のみなさんも、老子のことばをそのまま味わってみてほしい。
わかんなくても、なんか「深いな…」って気分になれば、それでＯＫである。

「現実」も「夢」もあいまい

伝説の無職・荘子も、「道《タオ》」の哲学をあじわってきたひとりだ。

荘子は、「道《タオ》」の哲学を発展させて、**この世界は、「夢」かもしれない、**と考えた。

荘子の文章は、おもしろい。

人をなめたような例え話でいっぱいだ。

そのなかで、いちばん有名な**「胡蝶《こちょう》の夢」**というエピソードを紹介する。

日本語訳すると、**「ちょうちょの夢」**である。

荘子は「ちょうちょになる夢」を見たらしい。

無職のおっさんが「ちょうちょの夢」を見た話なんて、SNSで投稿しても1つも「いいね」がつかなそうな話だが、荘子ぐらいになると歴史書にのるレベルになる。

なんと、全文たった62文字だ。

昔者荘周夢為胡蝶。栩栩然胡蝶也。
自喩適志与。不知周也。俄然覚、則蘧蘧然周也。
不知、周之夢為胡蝶与、胡蝶之夢為周与。
周与胡蝶、則必有分矣。此之謂物化。
『荘子』内篇　斉物論篇

ざっくりだが、日本語訳してみよう。
まず前半である。

むかし荘子が夢でちょうちょになった。
ひらひら〜って感じで。
完全にちょうちょだった。自分が荘子なこと、忘れてた。
で、ハッと目が覚めて
「自分、バチバチに荘子やん」と気づいた。

ここまでは無職のおっさんの、ただの夢日記だ。

その後がポイントだ。

で、おもった。
荘子が、ちょうちょの夢をみてたのか？
ちょうちょが、いま荘子の夢をみてるのか？
わかんなくなっちゃった…。

わかんなくなっちゃったらしい。
「荘子」はちょうちょがみている夢かもしれない。
いま、この瞬間の「自分」も、だれかのみている「夢」かもしれない。
そうおもうと、ちょっとゾワっとしないだろうか？
そして、最後にこうまとめている。

「荘子」と「ちょうちょ」まったく違うものやん？
そんなかんじで、物って、まったくちがう物に変化していくんだよね。

つまりこうである。

すべての母である「道《タオ》」のまえでは、
「現実」も「夢」も、おなじようなものなのだ。
「自分」とおもってるものも、「世界」とおもってるものも、どんどん変化する。

◆◆◆

ここで、ぼくが「胡蝶の夢」っぽさを感じるシーンをピックアップしてみたい。
1つ目は、**都会と田舎を移動したとき。**
ぼくが鹿児島県の島にいたとき、仕事のつごうで、月1回は東京にいっていた。
「島」と「東京」、往復するたび、思った。
これは「夢」ではないか？
それくらい、全然ちがう世界だ。

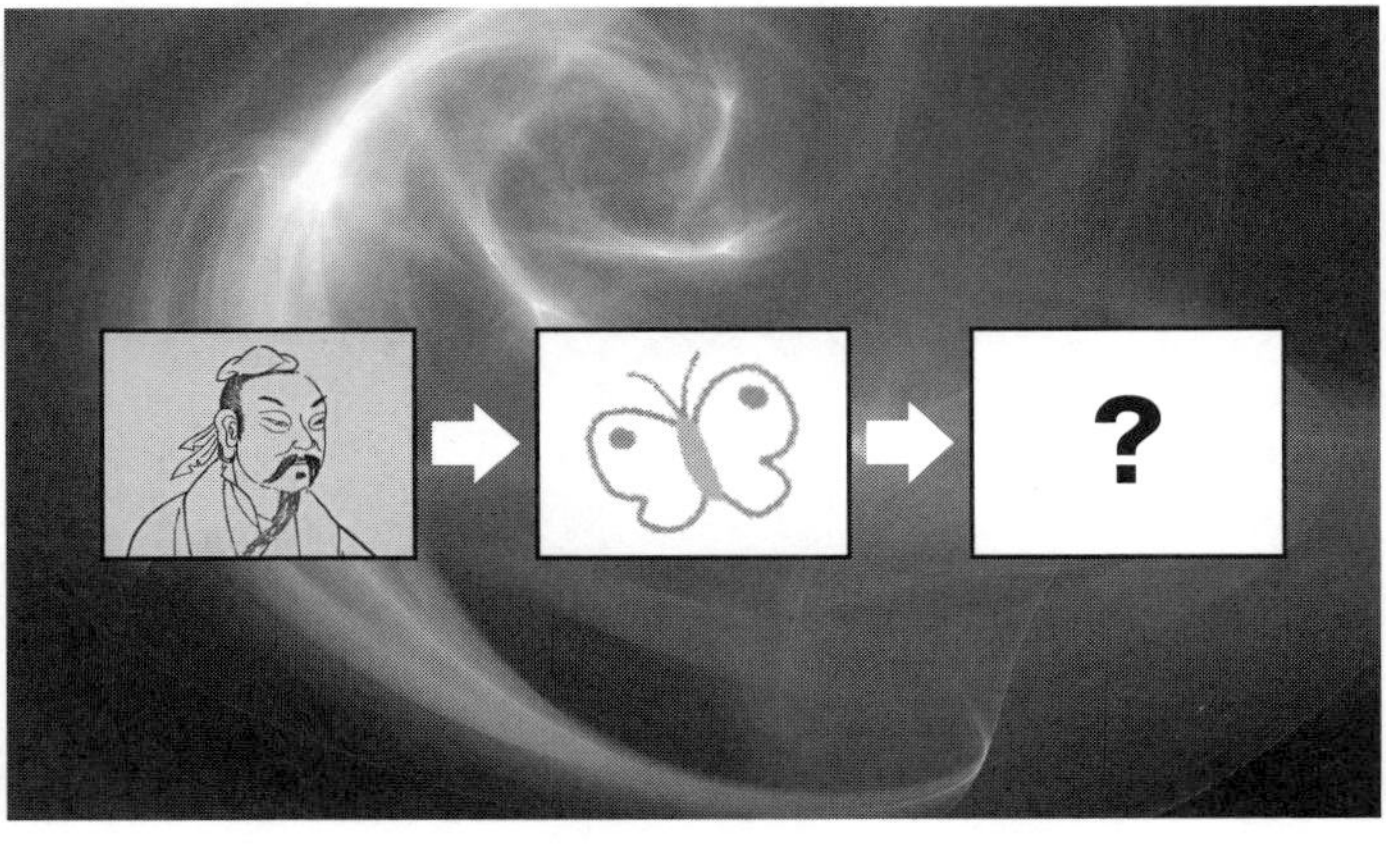

田舎者が「都会」の夢をみているのか？
都会人が「田舎」の夢をみているのか？

どっちが「本当」なのかわからなくなる感覚。

おなじ人間、おなじ世界なようで、ちがう人間、ちがう世界に変化しながら生きてるのかもしれない。

◆◆◆

「胡蝶の夢」っぽさ感じるシーン。

２つ目。

ネットの知り合いに、リアルで会った時。

以前、ネットで猫のアイコンの人と仲良くしていた。

語尾に「〜にゃ」とつけたりしている、猫性の高いひとだった。

ある日、リアルの会ではじめて顔あわせしたのだが、**めちゃくちゃ、おっちゃんだった。**

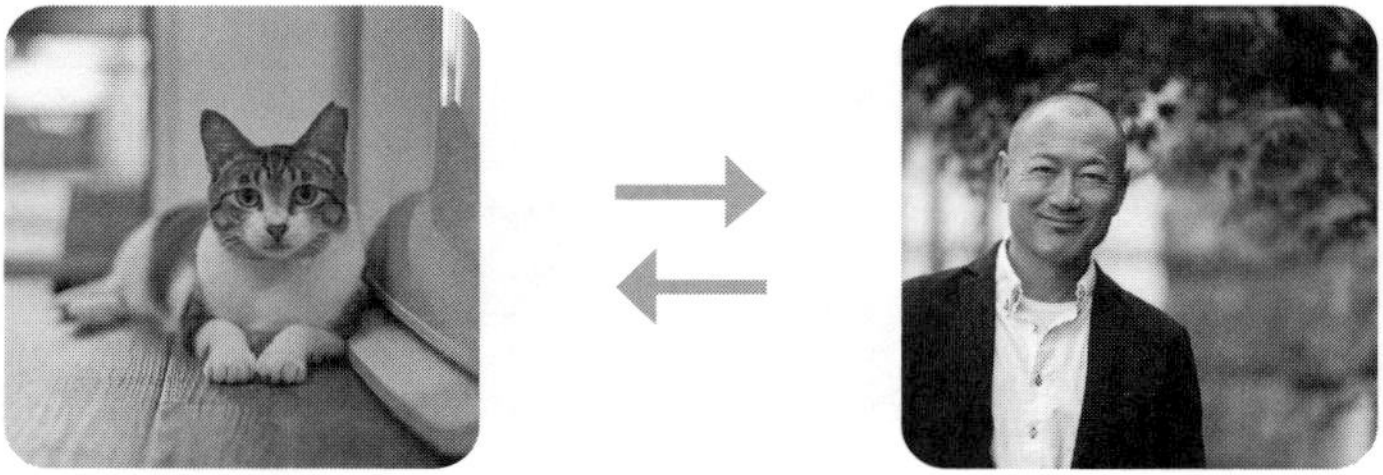

同い年くらいかとおもったら、20個くらい年上だったのだ。

そこでおもった。

「おっちゃん」が「猫」をやっているのか？

「猫」が「おっちゃん」をやっているのか？

わかんなくなっちゃった。

このおっちゃんほど極端ではないにしろ、ぼくらは、ネットとリアルで違う「存在」をいきている。

スマホを手にとって、アプリをひらくだけで、そこは別世界で、別人格を生きている。「夢」の世界だ。

2つの例を紹介した。たぶんどっちも、荘子より小さいスケールの話だ。

でも意外と、ふつうの生活でも、存在や世界がどんどんかわっている。

「これが現実だ」といえるものは存在しなくて、ぼくらは「夢」

から「夢」をわたりあるいて生きているのかもしれない。

「道《タオ》」がわかれば天下がとれる

この世界を「夢」とみる「道《タオ》」。
この世界を「幻」とみる「空《くう》」。
「道《タオ》」と「空《くう》」はにている。
しかし、「道《タオ》」の哲学がすごいのは、ここからだ。
「空《くう》」は、現実世界のあらゆる価値を否定するが、
「道《タオ》」は、現実世界での勝ちかたも教えてくれるのだ。
ありがてぇぜ、「道《タオ》」！

老子は、こんなことをいっている。

「無事を以て天下を取る。」

老子「道徳経」57章

――変なことをせず、ありのままでいれば、天下を取れる。

これはスゴい発言である。

「ほぼ草」である老子が、「天下を取る」とは、大きくでたな!?

ありのままこそが「最強」だ。天下をとれる。と、老子は言いきったのだ。

そんなことある？　もう一つ老子の言葉をみてみよう。

「天下の至柔は、天下の至堅を馳騁す。」

老子「道徳経」43章

――世界で最も柔らかいものが、世界で最もかたいものを支配する。

いったい、どういうことなのか? 具体的にみてみよう。

この世界で一番つよい存在「アメリカ」を例に、ひとつかんがえてみよう。

「アメリカより強いのは、誰だろうか?」

まずアメリカは、世界の国で、ダントツで強い。世界の軍事費ランキングもトップで、力の頂点である。どんな国とくらべても、アメリカが「最強」におもえる。

しかしである。

「アメリカより強いのは、誰だろうか?」

この質問に、老子なら、こう答えるだろう。

「海」

老子は、ちょっと次元がちがうのだ。

どういうことか説明しよう。

老子は、海のことを**百谷の王**（老子　道徳経　66章）と表現している。
海は、なにもしない。
ただ、いちばん低いところにいて、すべてを受け入れている。
ぼくらのシャワーとか、なんならおしっことかも、みんな海にながれていく。
すべての川は、海につながっているのだ。
海は、争わない。
アメリカも、海を「敵」だとおもっていない。
でももし、海を滅ぼしたら、困るのはアメリカだし、そもそも滅ぼしようがない。
いちばん低いところにいるのに、いちばん強い。
そもそも争いにならないから、「敵」がいない。無敵なのだ。

「道《タオ》」の哲学はスケールが大きい。
「勝つ」というとき、ぜんぜん次元のちがう答えをだしてくれるのだ。
しかし、ここまでスケールが大きいと、さすがに、自分の人生で「道《タオ》」をいかすイメージがわかないと思う。

そこで、ここから、ぼくの解釈をおもっきりぶち込んで、「道《タオ》」の哲学をいかして現代社会で「勝つ」方法をかんがえてみよう。

「道《タオ》」からまなぶ婚活術

現代社会、ぼくたちは「市場」のなかにいる。労働市場も、婚活市場でも、ぼくらは「商品」である。つねに競争の世界だ。いやだね〜。

そんななかで「道《タオ》」の哲学をいかして、どう「勝つ」かを考えてみた。

まずは、「婚活」をかんがえてみよう。

いつのまにか日本社会になじんでいる、謎の言葉、「婚活」。２００７年に登場したらしい。

『婚活バトルフィールド37』というマンガが存在する。

「婚活」はしばしば「戦場」にたとえられる。

マッチングアプリをひらけば、凄まじい「スペック」の競争相手のすがたがみえる。

「戦い」の前から、やる気がなくなってくる。

ハイスペック婚活人材

しかしである！

そんな、魔窟のような婚活の戦場で、

「めっちゃフツーなのに、なぜかうまくいく人」を見たことがないだろうか？

ぜったいあるはずだ。

みためも地味。わかりやすい強みも特にない。

でも**なんか、「感じ」がいい。**

そして、一瞬で、いい感じの相手をみつけて、婚活市場から「解脱」していく。

あいつら、なんなんだ!?

そう思いたくなる。ぼくの見解をのべる。

「あいつら」は、ふつうなフリをしているだけで、「道《タオ》」の力の使い手なのだ。

どういうことか。説明してみよう。

婚活は「戦い」といわれる。「年齢」「ルックス」「年収」といったパラメータで、総合値が高い相手をいかにゲットできるか。

婚活ゲームのプレイヤーたちは、いわばバーチャル・リアリティの世界にいるのだ。その場にいるようで、バーチャル世界にいる。

もはや、相手の姿はほとんどみえてない。

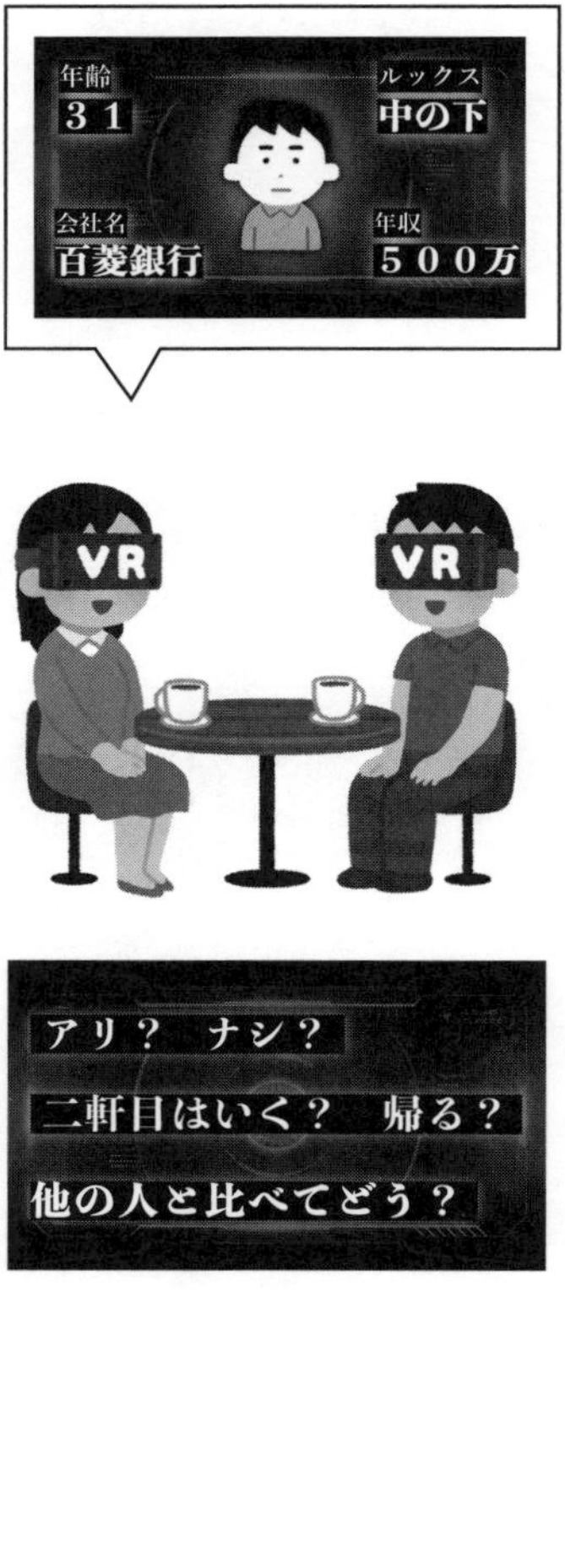

しかし、「めっちゃフツーなのに、なぜかうまくいく人」は、違う。

「戦い」がただのフィクションだと知っている。

「道《タオ》」とつながっているのだ。

やつらは、「道《タオ》」の使い手。いわば**「タオイスト」**なのだ。

タオイストのオーラ

反対に、「スペック」が高いのに「いやなかんじ」の人もいる。

相手を「上」「下」をつけるフィクション世界にとじこもっている。


その点、タオイストは、**視野がクソ広い。**

バーチャル・リアリティからぬけだして、ありのままをみている。

相手に「上」や「下」のレッテルをはらない。

「下」に高圧的になることもないし、「上」にぎこちない態度になってしまうこともない。

自分がＶＲメガネをはずしているから、相手も心をゆるして、ＶＲメガネをはずす。そこは「道《タオ》」のパワーがはたらく場所である。

いい感じにならないわけがない。

バーチャルリアリティからぬけだせば、「スペック」は幻としてきえる。

そもそも、みんな婚活の「戦場」に参加している。
出会う相手のほとんどは「戦いにつかれた戦士」たちだ。
相手と競いあうより、「海」のように受けいれるほうが、絶対モテる。

結果的に、まわりからみれば高い「スペック」の人をゲットする。
でも、本人にはその自覚すらない。

「為して而も恃まず。」

老子「道徳経」51章

——偉大なことをなすが、それを誇ることはない。

まわりからみれば「勝った」のだが、本人には「勝った」意識すらない。
老子の「勝つ」とは、そんな感じなのだ。
これが「めっちゃフツーなのに、なぜかうまくいく人」の正体だと思う。

「道《タオ》」からまなぶ転職術

「婚活」とならぶ、現代社会の2大市場。「転職」市場。
この本を読んでいるひとも、転職を考えている人がおおいはずだ。（と思っている）
よい転職ができる方法も、「道《タオ》」の哲学から学ぶことができる。

さて、現代日本で、転職をはばむシチュエーションをあげてみよう。

これ（↑）である。

胸糞わるいな〜。

転職したいといっても、「外で通用しない」とか、いわれるあれ。いまだにけっこうあるみたい。

しかし、転職の世界にもいるはずである。

ここにもいました

すごいスキルがあるわけでもない。
わかりやすい資格も特にない。
でもなんか「感じ」がいい。
「めっちゃフツーなのに、なぜかうまくいく人」。
そして、パッと会社をやめて、いつのまにか給料も環境もいいところで働いている。

あいつら、なんなんだ⁉

もう答えはわかるはずだ。
やつらは、**「道《タオ》」**とつながっているのだ。
タオイストなのだ。

◆◆◆

タオイストの最大の強み、それは、**「死」が存在しないこと**である。

「堅強なる者は、死の徒なり。柔弱なる者は、生の徒なり。」

老子「道徳経」76章

――堅くてこわばったものは、「死」の仲間である。
柔らかく弱いものは、「生」の仲間である。

どういうことか。

「外で通用しない」というおどしがきくのは、「会社をやめたら死ぬ」という思いがあるからだ。

この場合の「死ぬ」とは、社会からの孤立。

「社会的な死」だ。

しかし、タオイストは、「会社」がフィクションであることを知っている。

「社会的な死」も、「ゲームで1回死ぬ」くらいにしかおもっていないから、脅してもムダなのだ。

仮に転職先がみつからなくても、生命のつながりを感じて生きてるから平気である。

そもそも、タオイストは「道《タオ》」とつながっている。

「外で通用しない」どころか、会社にいながら「外にいる」ようなものだ。

タオイストは、不死身なのだ。

不死身なひとは、強い。

べつに特別な仕事のスキルがなくても、最強である。

結果的に、仕事もうまくいくし、みんなからも好かれる。これが、「道《タオ》」のパワーを、「婚活」と「転職」にいかす方法だ。

（あくまでぼくの解釈です。）

タオイストは無敵

さいごに、またひとつ老子の言葉を引用しよう。

◆
◆
◆

「窪めるはすなわち盈つ。」

老子「道徳経」22章

――からっぽだからこそ満たされる。

からっぽだからこそ、「道《タオ》」とつながれるのだ。

老子は「ほぼ草」。
荘子は「無職」。
からっぽすぎる。
むしろ、からっぽを極めることによって、かれらは無限のパワーをつかっていたのだ。
すごいぜ、「道《タオ》」！

ぼくと「道《タオ》」

ここから、ぼくにとって、「道《タオ》」がどんな意味をもったかを書いてみる。

「空《くう》」の章にもかいたが、ぼくは「からっぽ」になるのが怖かった。

「からっぽ」な自分を受けいれてくれる人は、だれもいないと思っていた。

そして、実際に、離婚し、無職になった。

社会的な「死」が、現実のものになった。

「からっぽ」なのが、みんなにバレた。おわりだ。

でも、みんなの反応は、ぜんぜん想像とちがった。

ぼくが「無職」だったり「離婚」したことで、離れていく友達は、ひとりもいなかったのだ。(たぶん)

からっぽってバレたら「死ぬ」と思ってたのは、完全な勘違いだったのだ。

むしろ、無職や離婚を経験したことで、いろんな人から連絡がきた。

「わたしも鬱になって休職してる」

「おれもじつは離婚してる」

「親が離婚してる」

とか、今まで知らなかった友達の苦労話を、教えてくれるようになったのだ。

孤立するどころか、むしろ深くて自然な人間関係がつくれるようになった。そうやってつくった人間関係は、なくなってしまう怖さがない。

何年もやりとりしてなくても、いつでもつながれる感じがする。

「社会的な死」だとおもったら、むしろ「社会的な死」から自由になっちゃった。


からっぽになったほうが、満たされるの、ガチだった。


なにより、無職&離婚によって、めちゃくちゃ時間の余裕ができた。

友達が旅行にさそってくれたのだが、「いつあいてる?」と聞かれた時、カレンダーを確認しておどろいた。


その日から、未来永劫、ひとつの予定も入っていなかったのだ。

「あいてない日がない」と回答したとき、なぜか思った。

「おれは無敵だ」

そんな感じがしたのである。

そして、じっさい、あまりにヒマすぎて、東洋哲学にハマって、流れで本をかくことになった。

ぼくはずっと、「やりたいこと」をさがして、迷走してきた。

芸人までやって、「やりたいこと」がみつからなくて、「終わった」と思っていた。

でも逆に、からっぽになってしまったときはじめて、「やりたいこと」がむこうからやってきたのだ。

◆
◆
◆

「道《タオ》」はスゴい。

「めっちゃフツーなのに、なぜかうまくいく人」に、自分もなりたい。

しかし、「道《タオ》」の境地にいたるには、どうすればいいか、

老荘思想ではわかりづらいところがある。

老荘思想は「修行」をかたらないのだ。

次の章からは、実際にどうやって「道《タオ》」や「空《くう》」の境地にいけばいいか教えてくれる哲学を紹介していく！

中国編

4章
禅
言葉はいらねえ

達磨の哲学

ここまで、「空《くう》」や「道《タオ》」といった、東洋哲学マスターがみた世界を紹介してきた。

しかし、ブッダも老子も、超人すぎる。ちょっとまねできそうにない。

そんなぼくら、どうやったら**「空《くう》」**や**「道《タオ》」**という、**「言葉をこえた」境地にたどりつけるのか？**

その一つのこたえが、**「禅」**なのだ。

◆◆◆

「禅」

だれもが聞いたことがある言葉だろう。

どんなイメージをもっているだろうか？

お坊さんが「しずか」にすわっている。

水の波紋が「しずか」に広がってる。

茶道とかの「しずか」な空間。

こんな感じかな。とにかく、めっちゃ「しずか」ってイメージ。

しかし、である。

これから**「禅」の「しずか」なイメージは、かんぜんに破壊されるだろう。**

禅、ほんとはめっちゃ**「激しい」**のだ。

◆◆◆

じつは、「禅」は中国うまれの仏教だ。日本うまれではない。

インドからとんできた仏教の種が、中国でヤバい花を咲かせた。それが「禅」である。

ブルース・リー。

中国武術をマスターした、最強の男である。

ブルース・リー

かれがのこした言葉、**「考えるな、感じろ」**は中国文化を象徴する言葉である。

インドは**「論理」**を重視した。中国では**「経験」**を重視した。

「言葉をこえる」には、どうしたらいいか？

この問いにたいして、インドの仏教者たちは、超むずかしい議論をした。

しかし、中国うまれの「禅」の回答は、ひとことである。

「言葉をすてろ」

シンプルすぎる。

言葉をこえた世界にいきたいなら、言葉をすてればいい。これを**「不立文字《ふりゅうもんじ》」**という。

そりゃそうやろうけど。

おどろくべきことに「禅」の教義は、本当に「言葉をすてろ」のひとことだけなのだ。

ということで（?）、「禅」は、論理よりフィーリングなタイプの人におすすめだ。

ここで、「え！私、フィーリングタイプ！」「禅むいてるかも！」とおもったそこのあなた。「禅」の激しさをナメてはいけない。中国の禅マスターたちは、だいぶこわい。

見た目、ほぼヤクザ。

「南泉斬猫」

「達磨大師」

「臨済義玄」

そんなことある？

「私、フィーリングタイプ！」とか、ヌルい発言したらブッ殺されそうである。

そんな禅マフィアの親分であり、禅仏教をつくった人、**達《だる》磨《ま》大《たい》師《し》**を紹介する。

全然しゃべらないタイプの人

「達磨大師《だるまたいし》」。あの「だるま人形」のモデルである。ダルマさん、人間だったんや。

達磨大師は、実はインド人である。

ブッダからだいたい1000年後の人である。

いかついけど、全然しゃべんないタイプ。たぶん。

あまりにしゃべんないタイプすぎて、**「言葉をすてる」という独自のスタイルで悟りに達していた。**

そんな、達磨大師に転機がおとずれる。

師匠から、死ぬ直前に

「お前、中国に仏教ひろげにいってこい」

というミッションをさずけられたのだ。

こうして、達磨大師は、中国に「禅」をつたえにいくことになったのだ。

しかしである。ここに一つ問題がある。

達磨大師は、ぜんぜんしゃべんないタイプである。言葉をすてすぎマン。

中国人からしても、ぜんぜんしゃべんない、不器用なインド人がきても「なにがしたいんだ？」で終わりそうである。

どうする、ダルマさん!?

ダルマさんは「もってる」

こうして達磨大師は、中国に旅立った。

しかし、達磨大師は「もっている」。

だるま人形は、幸運の象徴だ。

じっさいの達磨大師も、運がよかった。

中国に到着していきなり、「皇帝」にあえることになったのだ。

皇帝とは、中国のトップ。禅をひろげる大チャンス！

しかも！達磨大師は「もっている」。

超ラッキーなことに、皇帝が、仏教の大ファンだったのだ。

肖像画つかえないのでAI生成

当時の中国は、戦争だらけ。皇帝は、武装集団のトップ。これは奇跡だ。

そんな皇帝が、ラブアンドピースな仏教のファン。ライオンに野菜を売りにいったら、たまたまベジタリアンのライオンでした、みたいな確率だ。

そしてなんと、皇帝のほうから、達磨大師に「会いたい」と連絡をくれた。さすがに運よすぎ。

もってるね、ダルマさん。

ダルマさん、無愛想すぎて終わる

そんな明るい未来しかみえない状況で、達磨大師は、どうなったのか。
達磨大師と皇帝との会話が、「伝説のセッション」として記録されているので、紹介する。

——当日、王宮にて

皇帝はテンションが上っている。仏教マスター「達磨大師」が目の前にいる。オーラある。質問したいこと、いっぱい。ソワソワしつつ、皇帝はといかけた。

「わし、寺を1000個たてたんだよね」
「これ、めちゃくちゃご利益《りやく》あるよね？」

すごい。寺、つくりすぎ。

ご利益、あるでしょ。「ある」っていえば、皇帝よろこぶよ。
禅を広げる大チャンスだよ！
しかし、達磨大師は、こう答えた。

「ない」

だめだよ。ダルマさん！　社会人経験ないいん？
失礼すぎて、皇帝のメンツ丸つぶれ。
まわりの人、「あいつ、ぜったい死刑だよ」ってザワついたはず。

でも、皇帝はオトナだった。
たしかに「ご利益があるよね？」はちょっと「浅い」質問だったわ。
きりかえて、もっと賢いかんじの質問をした。

「仏教で一番大事なことってなんだと思う？」

ナイス質問。達磨大師は、仏教を伝えにきたのだ。

「さっきの無礼は許すから、すきなだけ仏教かたりなはれ」という、王者の余裕。

皇帝からの、最高のパスが、達磨大師にとおった。

あとは、ゴールをきめるだけ。

「仏教で一番大事なこと」それは一体、なんなんだ!? 達磨大師の答えは、こうだった。

「そんなものは無い」

ダルマさん！ だめだよ！

だめなんてもんじゃないよ！

レッドカードだよ！ 皇帝もここで、キレた。

「じゃぁお前は誰やねん」

ほんまそれ。ダルマお前、仏教、つたえにきたんちゃうんかい。

「仏教で大切なもの」が「無い」なら、お前はなにしにきたねん。インドに帰れ。

「誰やねん」

この言葉は、もはや質問ですらない。ツッコミである。ここで会話は終了。しかし達磨大師は、この「誰やねん」に、さらに返答してしまう。

「知らぬ」

最悪である。反抗期の中学生が、かーちゃんにするやつ、皇帝あいてにすな。

そして、達磨大師は、「こいつとは話があわんわ」といって、自ら城を去った…。

話があわなかったの、皇帝のせいだったん？ 自己肯定感高すぎ。
ここで話はおわりである。
達磨大師は、禅を中国にひろげる奇跡のチャンスを、徹底的にブチ壊した。なんで？
マジな話、達磨大師は一体何をしたかったのか？

ダルマさん、言葉すてすぎ問題

ここで思い出してほしい。
「禅」の精神、それは「不立文字」であった。
「言葉をすてろ」ということだ。
言葉にしてしまった時点で、それはウソなのだ。

ところで、達磨大師は、めちゃくちゃ悟りレベルが高い人物である。

『華厳経』によると、悟りには52段階があるらしい。悟りレベル「1」でも尋常じゃなくスゴいのに、さらにいっぱい段階があるのだ。

達磨大師の弟子が、後に「大師ってぶっちゃけ、どんくらいのレベルなんすか？」という小学生みたいな疑問をぶつけたところ、「30」と答えたらしい。30なんだ。

まぁめちゃくちゃ悟ってるということだ。

つまり、皇帝と会話してる時、周りからは達磨大師は、1人の人間にみえていたわけだが、達磨大師は、もう完全に「言葉にならねぇ境地」を体現していたのだ。

もう、完全にイッちゃってる状態だったわけである。

ここで、皇帝の質問をおもいだそう。

「仏教で一番大事なことってなんだと思う？」

「空《くう》」「悟り」「真理」…どう答えても、すべてただの言葉でしかない。達磨大師は、言葉にならねぇ境地を、全身で体現してしめすことで、皇帝に「禅」をつたえようとしたのだ。

寺をいっぱいたてたって、「言葉にならねぇ」。
仏教で一番大事なことも、「言葉にならねぇ」。
お前は誰かときかれても、「言葉にならねぇ」。
達磨大師からすれば、じつは皇帝に１００％の回答をしていたのだ。
深い！ダルマさん、やっぱりすごいな！しかし、問題がある。

そんなの絶対つたわらねぇ。

初対面だぞ。
達磨大師は、「言葉をすてる」をやりすぎて、ただの**めちゃくちゃ無愛想で失礼なやつ**

にしかみえなかったのだ。
ふつうに「言葉をすてるのが大事ですよ」っていえばいいじゃん…。

またしても訪れる奇跡

達磨大師の「その後」の話をしよう。
達磨大師は、皇帝の力をかりて「禅」を広めることに失敗した。
皇帝、絶対怒ってる。最大のチャンスを潰した格好だ。
でも「禅」はひろげたい。どうする、ダルマさん!?
他のエラい人に会いにいくのかな? 地道に、ストリートでつたえていくのかな?
しかし達磨大師は、常軌を逸した選択をする。

なんと、洞窟にこもって、壁のまえで9年間座り続けた。

「面壁九年《めんぺきくねん》」という謎エピソードである。なんでも四字熟語にすりゃええってもんちゃうぞ。ただ壁にすわって、「言葉をすてる」をやりつづけたのだ。いくらなんでもトガリすぎである。っていうか、座り続けるなら、インドでやれ。

しかし、達磨大師レベルになると視えてる世界は違うのだろう。本質を追求しすぎて奇跡が起きる。

「この人、ずっと壁むいて座ってる。スゲェ!!」

と、感動した中国の僧侶が、やってきたのだ。やっぱり達磨大師のオーラはすごかったんだろう。

「弟子にしてください!」

壁にむかって座ってただけなのに、弟子候補がやってきた。「慧可《えか》さん」という人物だ。熱意のある、超いい感じの人である。絶対弟子にしたほうがいい。9年ぶり2度目の、禅を広げる大チャンスである。

しかし、達磨大師はこう答えた。

「断る」

断るな。 まじでインドから何しに来たんだよ。

そして達磨大師は、壁にむかって座り続けた。

しかし、慧可さんの情熱もすごかった。何度も何度も、しつこく弟子入りを志願する。

でも、そのたびに、達磨大師はこたえた。

「断る」

断るな。それでも、慧可さんは、めげなかった。

達磨大師の弟子になりたすぎて、最終的に、狂気の行動にでる。

自分の片腕を切り落としたのだ。

は？

「これが覚悟の証です」といって、切り落とした腕を、達磨大師に差し出した。

差し出すな。

さすがの達磨大師もびっくりしたようだ。てか、たぶん引いたと思う。日本の伝統的なヤクザも小指を切り落とすが、いきなり腕である。あまりの状況に、ついに弟子入りに「いいよ」といった。

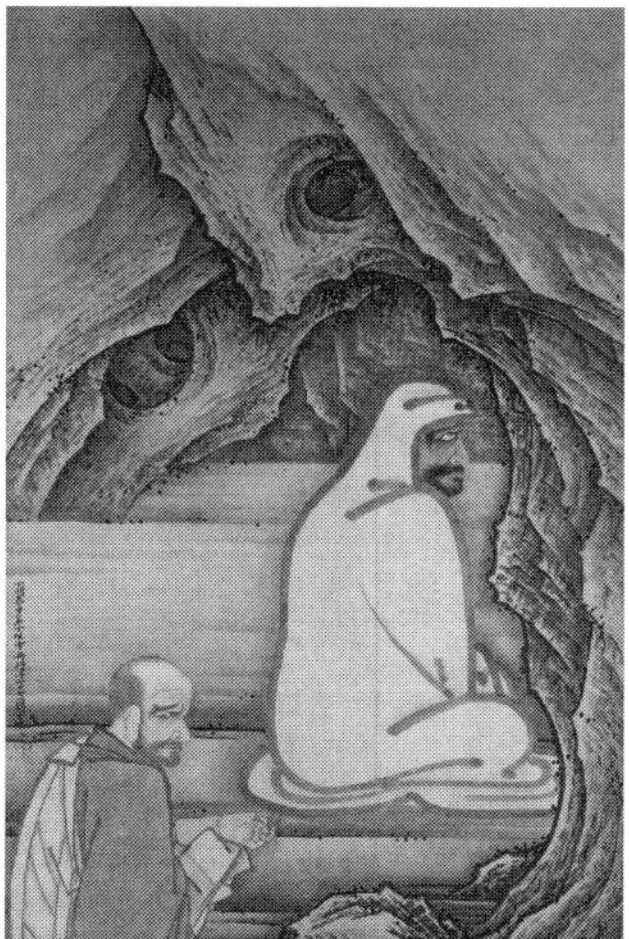

その時の絵。シュールすぎ

禅、中国にひろがる

慧可さんの激烈な行動がきっかけで、「禅」は中国にひろがった。
だって想像してほしい。

慧可さん、腕なくなってかえってきて、友達みんな、超びっくりしたと思う。

「どうしたん!?　腕ないけど!?」

で、理由をきくと、

「達磨大師の弟子になりたかったから」という。

腕がない理由になってない。

「禅、やばすぎ」

というウワサが中国全土をかけめぐったはずだ。

こうして、まさかの形で「禅を中国に広める」という達磨大師の目的は達成された。最初から最後までツッコミどころしかないが、すごい人だ。

ちなみに、ここまで長々エピソードを紹介してきたが、**達磨大師が実在したか、わかんないらしい**。だからここまでのエピソードは、全部なかったかもしれない。

でも、実在したかどうかなんてね、どっちでもいいんだよね。東洋哲学だからね。

禅とはなにか？

さぁ、恒例の哲学紹介のパートである。あらためて、「禅」とはなにか？

禅のおしえはただひとつ。

「言葉をすてろ」これだけだ。

しかしである。これは、本である。

そして、本は言葉でかくものだ。「言葉をすてろ」という禅のおしえを、言葉でかく。

そんなの、できるわけないよね？

ぼくは、この原稿、めちゃくちゃ悩んでかけなくなってしまった。

でも、原稿は提出しなきゃいけない…ということで、こうすることにしました。

次のページから「禅」とはなにか、を説明します。どうぞ！

白紙にした。印刷ミスじゃないよ。手抜きじゃないって。

ページをめくって、どんなことを感じただろうか。

ひとつ、質問にこたえてほしい。

問　本には文字がみえる。
　では、白紙の本にはなにがみえる？

いっけん、意味不明な問いだとおもうが、ぜひ、自分なりの答えをだしてほしい。

じつは、禅マスターたちも、こういった意味不明な問いをぶつけることで、「言葉にならねぇ」境地を、弟子につたえようとしてきた。

禅問答という。

「白紙の本にはなにがみえる？」

という問いは、ある有名な禅問答をベースにこの本で表現してみたものだ。

さっきの質問に、どうこたえるだろうか？

ぼくなりの答えもかいてみる。

本を、ありのままみる

白紙がいきなり現れた瞬間を、思いだしてほしい。
不思議なきぶんにならなかっただろうか。

本は、ただの、紙とインクでできている。
しかし、ただのインクである「文字」をよんでいるうちに、言葉の魔法によって、フィクション世界にはいりこんでしまう。
しかし、「白紙」をみて「えっ」と思った瞬間、**言葉の魔法はとけてしまったはずである。(たぶん)**
フィクション世界が霧のようにきえて、「本」は「本」でなくなる。

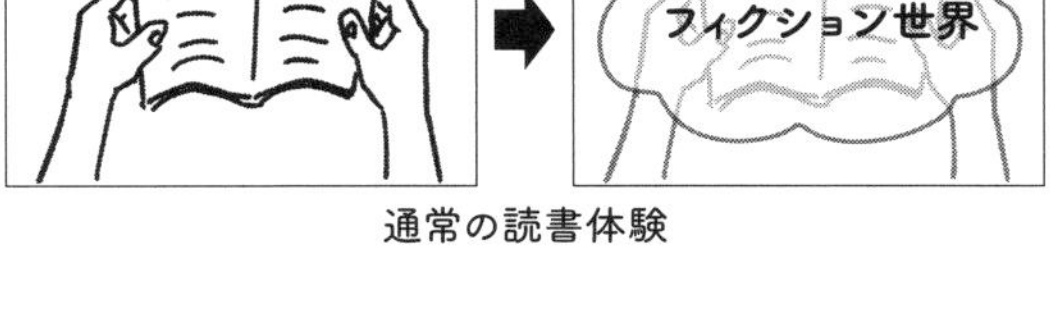

通常の読書体験

紙そのものの色。

紙にふれるてざわり。

紙をめくったときのカシャっとした音と匂い。


電子書籍でよんでるひとは、画面に反射した自分の顔がみえたかもしれない。

そして「本」がただの紙になったとき、「本」と関係をむすんでいた「自分」という幻もきえたはずだ。

「本」がないなら、「本を読んでいる自分」もきえる。

なんとなく、世界全体が澄んで、キラキラみえてくる。

五感がとぎすまされて、空調の音が妙に鮮明にきこえてくるような感じ。

すべてはつながっている。

白紙の本は、全宇宙である。

全宇宙は、白紙の本である。

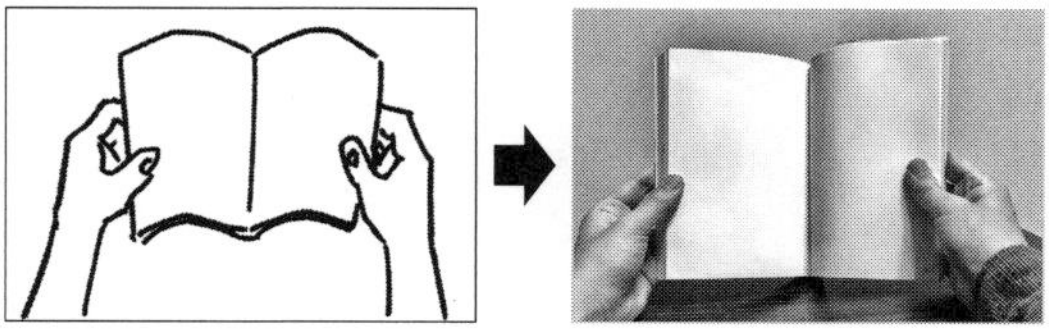

えっ

「言葉にならねぇ」

白紙の本を見た瞬間、ほんの短い時間だけだったかもしれないが、言葉の世界をぬけたところにいたはずだ。（たぶん）

あくまでぼくの解釈だけど、たぶんこれが、「禅」の入口なんじゃないかとおもう。

しらんけど。（プロの人、すいません）

このさきには、もっともっと深い世界につながっている。

そして、達磨大師のような禅マスターは、「言葉にならねぇ」世界にずーっととどまってられる人なんだと思う。

◆
◆
◆

ちなみに、この「白紙の本にはなにがみえる？」という問いは、「片手の声」（隻手音声）という有名な禅問答をベースにさせてもらったので、紹介してみる。

問　両手をたたけば音がなる。
では、片手ではどんな音があるか？

ぜひ、こたえてみてほしい。「正解」はないらしいから。
いちおう、ぼくも回答してみる。
ほんらい、文章でベラベラ答えるべきじゃないけど、これは本なので…なにとぞ……！

◆
◆
◆

一般常識からすれば、片手では音はならない。
つまり「無」である。

両手の音は「有」。
片手の音は「無」。

しかし、ここでおもいだしてほしい。「空《くう》」の哲学を。

「有」も「無」もフィクションなのだ。
「有」をつくるから「無」がうまれる。

両手だと「パンッ」と音がする。この「パンッ」をついつい「有」としてしまう。

すると、「パンッ」がきえたことが「無」になってしまう。

「両手をたたけば音がなる」という言葉は、フィクションの世界にさそいこむ罠である。

べつに、両手でたたこうが、たたかなかろうが、いまここの世界で、なんらかの音はつねになっている。

それを「パンッ」という音につられて、「有」をうみだすから、いまここの世界の音をかってに「無」という名前をつけてしまうのだ。

そもそも「パンッ」も言葉だ。「両手」も「片手」も「音」も言葉だ。

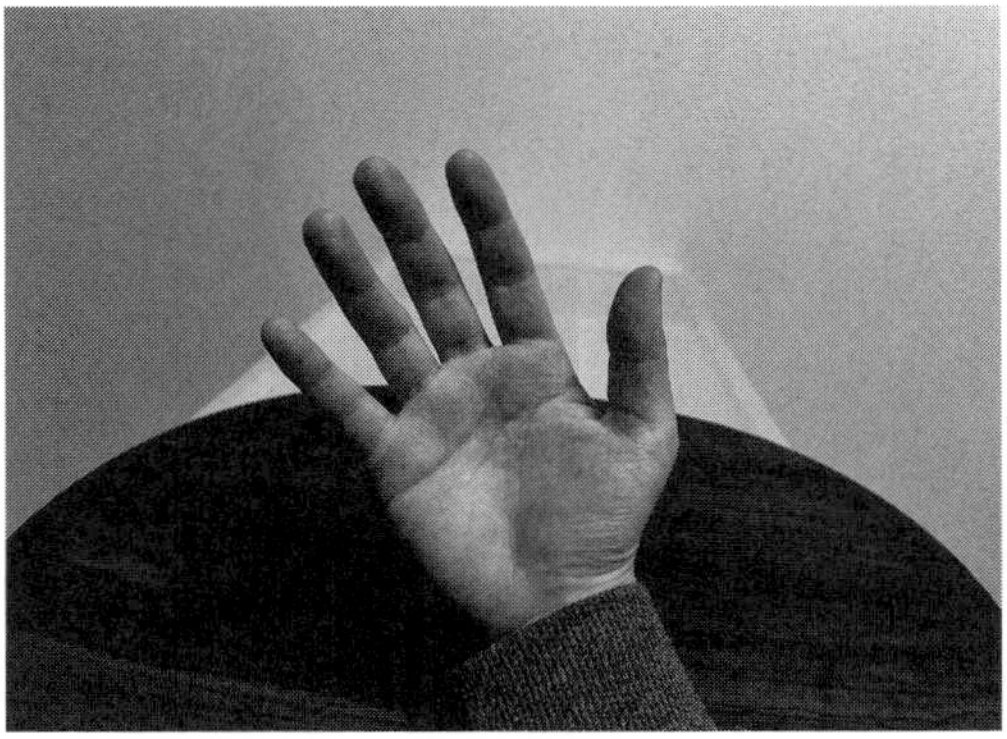

きこえるか…片手の声が

言葉にならねぇ世界をそのまんまかんじる。

そうすると、片手の音、は、いまここでなっている音、いや、いまここそのものだったと気づく。


ん〜〜〜どうだったでしょうか。

禅問答の回答を言葉にするって、むずいですね。

「禅」の紹介でした。

ちょっと最後、いみわかんない感じになった気がするので、このひとに〆てもらいましょう。

「考えるな、感じろ」

ホワチャヤア!!

ピンチなときこそ「言葉をすてる」

最後に、ぼくが「禅」からなにを学んだかを書いてみる。

じつは、この「禅」の原稿をかくときのピンチを「禅」の教えでクリアした。変な話だけど。

ぼくはめちゃくちゃ、プレッシャーに弱い。

なにかうまくいかないことがあると、すぐに「なんて自分はダメなんだ」とおもってしまうのだ。一度そうなると、

自分を「ダメ」とせめる→めのまえの仕事がすすまない
→もっと自分が「ダメ」とおもう

という、負のループにはまりこんでしまう。

「ダメ」というのがただのフィクションである、「空《くう》」である。とわかっていても、つい

ついこのループに入ってしまうのだ。

こんな時、どうやって負のループをたちきるだろうか？

「禅」をする前、会社員時代は、パワー系の対処法をとっていた。

つまり、自分が「ダメ」というフィクションに入ってしまったとき、自分は「デキる」という、反対のフィクションをつくりだしていたのだ。

「うまくいった過去」と、「うまくいくはずの未来」をつないだ、「デキる」自分のストーリーで、とにかく「ダメ」な自分というフィクションを、上書きする。

そんな、心の中のフィクションの上書き戦争は、めちゃくちゃ疲れる。結局仕事はまえにすすまない。苦しい。

でも、禅にであって、かわった。


シンプルに、「言葉をすてる」。

これでいいのだ。

自分が「ダメ」とおもった瞬間、「あ、言葉の世界に入ってるな」と認識するだけで、ぜんぜん違う。

散歩でも、なんでもいいから、とにかく言葉の世界からはなれる。

「デキる」自分みたいな、別のフィクションはいらない。むしろ毒。

言葉をすてると、不思議とアイデアがわいて、なんとかなる。

この原稿ができるまで

ぶっちゃけ、この章の禅の解説、筆がかんぜんにとまってしまっていた。

締切2日前で「もうダメだ」とあきらめていた。

そしていつものごとく、あーやっぱり自分って「ダメ」だなという思考にはまりかけていた。

一度ダメループにはまったら、もうおわりである。締切2日前だからね。

禅からまなんで、「ダメ」というフィクション世界はいらないように、言葉をすてて、とりあえずボーっとすることにした。30分くらい、ボーっとしていて、ふとおもった。

「もう白紙のまま提出しちゃえばいいやん」

こうして、この章の白紙のページが誕生した。

文字通りに「白紙」で原稿を提出したけど、「逆にいいですね！」っていわれたので、なんとかなった…　なったのか？

ぼくと「禅」

本を書く行為って、まじで言葉の世界にはいりこんでしまう。

というか、だいたいのデスクワークって言葉の世界だよね。

もうこの本かきはじめて3年。超苦戦してるけど、うまくいくときのパターンがきまってきた。


個人的に、コスパ最強の「書く」方法。

それは「書かない」こと。マジです。


「書くぞ」とおもっていろいろ考えると、言葉の世界にはいってしまう。

言葉の世界にはいると、同じところをぐるぐるして、つまってる状況を打開できない。

いちおう、つくえにはむかうんだけど、つくえにむかいつつ、「書かない」。

締め切り前、ピンチで、あせっちゃうときほど、「書かない」。

なにも考えずに、ボーっとする。

そうすると、つかれない上に、とつぜんアイデアがうかぶ。

締切にあせってあれこれ考えるより、結局、これがいちばんコスパがいい。

「書かない」をやりはじめると、3年間すすまなかった原稿がすすみだした。びっくり。

こうして、1日10時間くらいボーッとしてるだけの無職が誕生した。で、ふとおもった。


これもう「座禅」では？

いや、絶対プロに怒られる。（座禅じゃないです、すいません）
もともとぼくは、「坐禅」とか「瞑想」みたいなこと「かったるくてやってられるか」と思っていた。哲学だけ知るのが手っ取り早いじゃんと。
でも、いろいろ試した結果、「なにも考えないこと」がコスパ最強だった。なにがいいたいんだっけ。
でもこんな感じで、「禅」からまなんだと、勝手に思ってます！

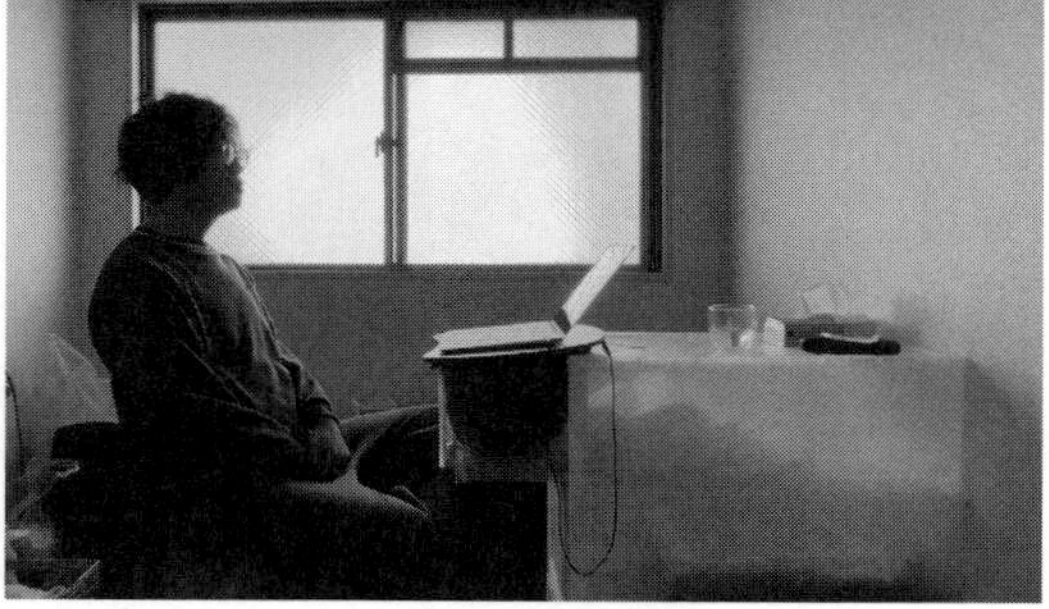

著者近影

日本編

5章

他力

ダメなやつほど救われる

親鸞の哲学

これまでインド、中国の哲学を紹介してきた。
次は、いよいよ日本編だ。
仏教の哲学は、インド↓中国↓日本につたわった。
そして、日本で破壊的な進化をとげたのだ。どれくらい破壊的に変化したか？

クラシック音楽が、ヒップホップになるくらい。

ブッダもびっくりの超進化なのだ。

◆◆◆

「**親鸞**《しんらん》」を紹介する。
800年くらい前の、平安時代の人だ。
クラシック仏教を、ヒップホップにしてしまった人物である。
どういうことか。

仏教にはたくさんの「宗派」がある。

「空《くう》」という目的地をめざすうえで、いろんな交通手段がある。

この交通手段のちがいが、「宗派」とおもってもらえばいい。

親鸞は「浄土真宗」をつくった。

浄土真宗では、どうやって「空《くう》」の境地にいくのか？

徒歩か、電車か、飛行機か？

じつは、そんなレベルじゃない。

「空《くう》」のほうが、こっちにくる。

逆にね。

いや、そんなことある？

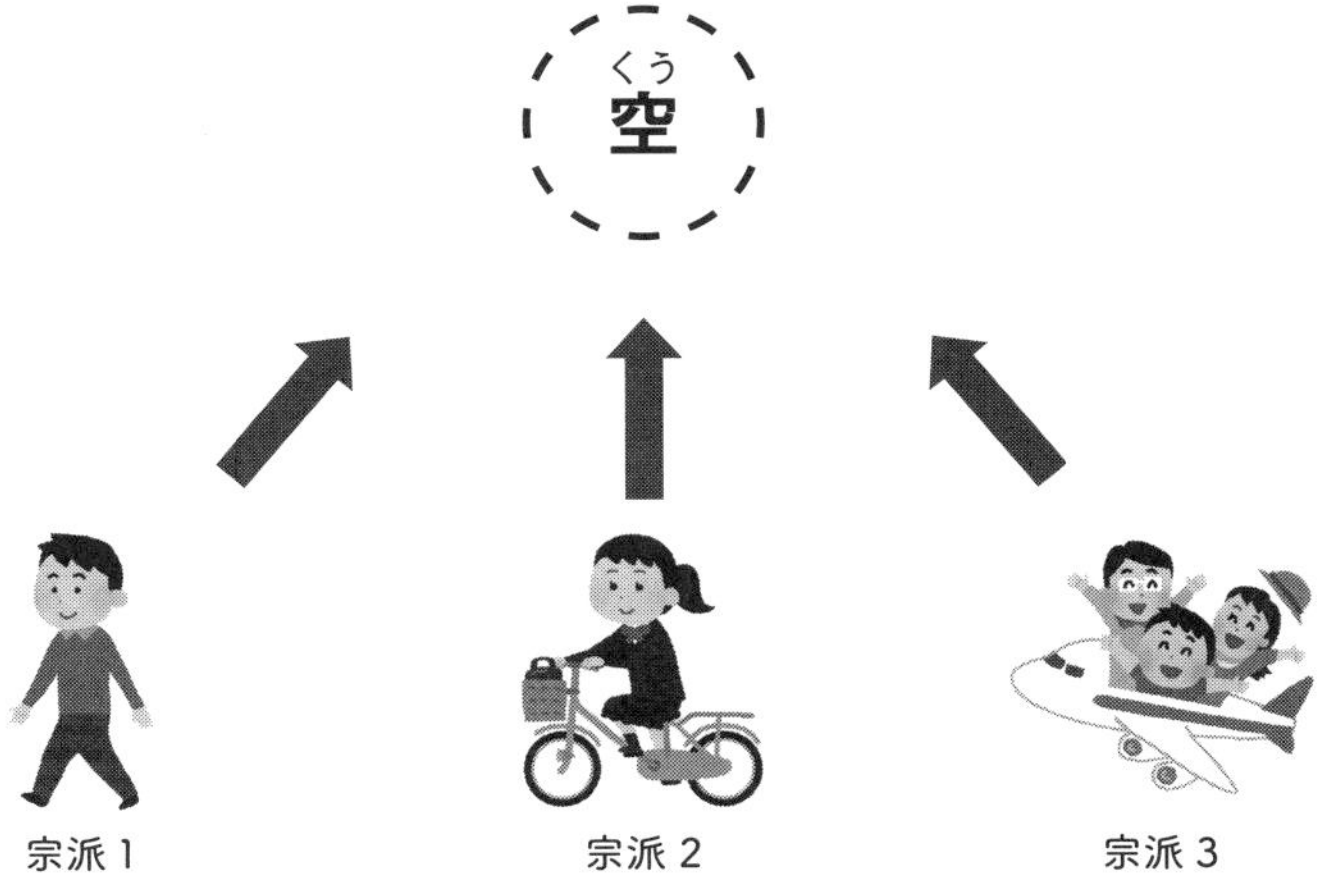

「宗派」の違いは「交通手段」の違いだとおもえばいい

親鸞の哲学は、最高にトガッてるのだ。

そして驚くべきことに、この異端児、浄土真宗が、日本でいちばんメジャーな宗派なのだ。

たぶん、うちの実家の仏壇も、浄土真宗である。（確認してないから自信はない）法事のときに「なむあみだぶつ～」と唱えてたらたぶん浄土真宗だ。

仏教界最高の異端児にして、いちばんの人気者、親鸞とは、いったい何者なのか？

「空《くう》」がこっちにやってくる

一休も絶賛した親鸞の哲学

親鸞は、約800年前に活躍したひとだ。平安時代と鎌倉時代に生きていた。
肖像画、権利的につかえなかったので、イラスト化した。
これ（←）が親鸞である。パッと見て、どんな印象だろうか。

「ふつうのおっちゃん」

というかんじだ。
これまで紹介してきた、哲学者たちとくらべても、一目瞭然である。
親鸞に、超人的雰囲気はない。はなしかけやすそう。

この表情をみてほしい。

目線はずしすぎ。
たぶん写真とかにがてなタイプ。
首まわりも要チェックだ。

【比較】これまでの哲人たち

親鸞首まわり

パーカー、重ね着してる？

これは、当時の防寒着である。

ふつうお坊さんは、みんな厳しい修行をしてる。冬のさっむいお堂でお経を読んだり、瞑想したり。高僧にとっては「寒さ」もまたフィクションにしかすぎない。

しかし、親鸞はふつうに「寒いなぁ」とおもって、襟巻きをしている。

あったかいからね。

じつは、ここまで書きながら、ぼくはビビっている。親鸞にはファンが多い。イジりすぎると、怒られるのではないか。ファンのみなさま、申し訳ありません。

しかしですね、親鸞の魅力の本質は、この「親しみやすさ」にあるのです。

それを証明するために、ある歌を紹介したい。

「一休さん」として知られる、伝説の禅マスター「一休宗純《いっきゅうそうじゅん》」がよんだ歌だ。

「襟巻《えりま》きの　あたたかそうな　黒坊主
こやつが法は　天下一なり」

どうだろうか。


ひとことめ。

いきなり「襟巻き、あったかそうやなw」

である。

さらに「黒坊主」「こやつ」呼ばわりだ。

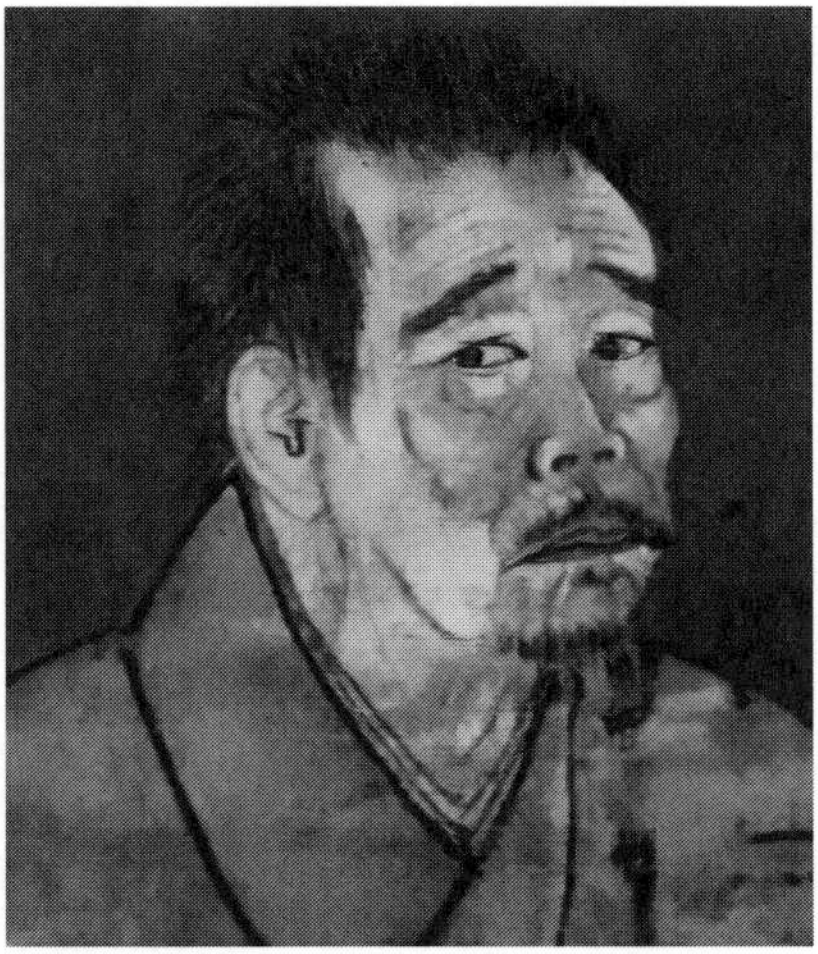
本物の一休さんの肖像画。こんな顔なん!?

完全にイジっている。

しかし、ラストをこう〆ている。

「法は天下一なり」（教えは最強だけどね）

前半の失礼さを、後半でフォローしきれているかは微妙なラインである。
親鸞は、こんなふうに、歴史的にもイジられて愛されてきた人物なのだ。
その「天下一」の哲学にふれるまえに、親鸞の人生を紹介しておこう。

地獄の京都にうまれたエリート

実は、親鸞はエリートだった。

そもそも、当時、お坊さんはエリートなのだ。

800年前である。食べ物もいまよりずっと貴重な時代だ。お坊さんは、労働せずに、哲学や学問をやっている。エリートだからそんなことができる。

しかも、天皇も仏教をまもっていたから、権力もすごかった。

親鸞は、そんな仏教界の頂点、「比叡山《ひえいざん》」にいた。

しかも、比叡山の一番えらいひとに、9歳でお坊さんにしてもらったのだ。

いまでいうと、学生時代にゴールドマン・サックス証券の会長にスカウトされました、みたいなキャリアだ。

親鸞、超エリートな世界にいた人なのだ。そんな感じにみえないけど。

◆◆◆

しかし、親鸞にはたえられないことがあった。**当時の比叡山は、腐っていたのだ。**

ほんらい、お坊さんは、仏教をつたえて、みんなの心を平和にする存在だ。

それなのに、比叡山は、政治権力と完全にべったりだった。お坊さんたちが、金とポストの争いにあけくれていた。

だれも真面目に仏教やってない。そして、比叡山の外ではひとびとが地獄のように苦しんでいた。

親鸞のいた「平安時代末期」の京都は、日本の歴史上、最悪の時代である。

なんと、**戦争・感染症・大飢饉・大地震・大火事**が、ぜんぶおきた。

この世の地獄のフルコースである。

みんなバタバタ死んでいった。

いまやカップルの憩いの場として有名な京都の鴨川も、当時は処理しきれない死体がつみあがっていた。

京都の街中が死臭に満ちていたらしい。

芥川龍之介の『羅生門』に、死体から髪の毛をむしりとってるヤバい老婆の話がでてくるが、まさにこの時代の話だ。

親鸞は、なやんだ。
まさに、この世の地獄で人々が苦しんでいる。
でも、自分はエリートでぬくぬく生きている。
仏教って、人を救うためにあるんじゃないのか？

親鸞は、めちゃくちゃ純粋だったので、この矛盾にたえられなかった。
そして決断した。比叡山をおりる。
エリート街道をすてて、まちで仏教の力でみんなを救うんや。
親鸞、29才の春の決断だった。

AIにつくってもらった。老婆の髪型おしゃれすぎ

たどりついた「他力《たりき》」の哲学

親鸞は、比叡山で20年間めちゃくちゃ勉強して、めちゃくちゃ修行していた。自分なら、人のためにできることはあるはず、と思っていたはずだ。

しかし、現実は甘くなかった。

ぜひ想像してほしい。

このひと（↑）に、「この世界は「空《くう》」なんだよ」「座禅、けっこういいよ」「白紙にはなにが書いてある？」といったところで、ぜったい意味ない。

それどころじゃなさすぎる。

ぶっちゃけ、仏教はむつかしすぎるのだ。

みんな、とにかくメシがほしい。座禅や瞑想なんて「意識高い系」すぎて、受け入れられるはずがなかった。

親鸞は、じぶんの無力さに絶望した。

「みんなを救うには、どうしたらいいんだ…」と、悩みに悩んだ。

そしてついに絶望の先に、希望の光をみいだした。仏教をひっくりかえすような、大転換の哲学にたどりつく。それが**「他力」**の哲学なのだ。

あきらめると、「空《くう》」がやってくる

ここで、親鸞の、有名な言葉を紹介しよう。

（※この章で引用することばの現代語訳は、ぼくの解釈が特に強い意訳です。）

善人なおもて往生をとぐ、いわんや悪人をや。

『歎異抄』第三条

――ダメなやつほど救われる。デキるやつでさえ救われるんだから。

ん!? ダメなやつのほうが救われる? いったいどういうこと? 逆じゃないの?

ここで、あらためて、仏教の救いをおさらいしてみよう。

救いの形も、宗派によって色々だけど、ひとつ前の章の、「禅」をおもいだしてほしい。

「言葉にならねぇ」世界。

ここにいたれば、ぜんぶ幻で、すべてがつながっている。ということがわかるのだ。

「離婚」だろうが「無職」だろうが、ただの言葉。フィクションだ。

悩む「自分」もフィクションだから、苦しみが消えて、超ラクになる。ざっくり、こんな具合だ。

ようは「言葉にならねぇ」世界を体験できればいいのだ。

ではどうすれば「言葉にならねぇ」世界を体験できるか？

禅の場合、きほんてきには、**「めっちゃ瞑想する」**という方法をとる。「修行」だ。

手段：　修行する
　　　　↓
結果：　言葉にならねぇ

まぁ、あたりまえっちゃあたりまえだが、「修行」が大事なのだ。

しかし、親鸞は、すごいところに注目する。

「修行するほど、むしろ悟りから遠ざかる」。

修行を全否定するような内容だが、これには深い理由がある。

めっちゃ瞑想する

親鸞は、比叡山で20年間だれよりも真剣に、激しく修業した。

それでも、ついに悟れなかったのだ。むしろ「修行している自分はスゴい」という、慢心がわいてきた。

これは、親鸞の言葉である。

修善も雑毒なるゆゑに　虚仮の行とぞなづけたる。

『正像末和讃』

――どんな善い行いも、邪念の毒があるから。「ウソ」の行為だよ。

修行は「ウソ」だった。どういうことか、解釈してみる。

さっきの瞑想の写真をもう一度みてみよう。

フリー画像のモデルさんたちには申し訳ないが、この人たちの「顔」をみてほしい。

完全に「瞑想している自分」に酔っている。（ごめんね）

「悟るぞ～」

「悟るぞ〜」

「悟るぞ〜」

そんな思いで修行してたら、むしろ、

「自分」

「自分」

「自分」

におちいってしまう。

「善い行為」で「空《くう》」にむかう「自分」というフィクションに、むしろハマってしまうのだ。

これは、「デキる」人間の罠なのだ。

◆◆◆

でも逆に、である。みんなもこんな経験はないだろうか。

これは罠だ

会社とか、学校で、ブチやらかしたとき。

「ぜんぶおわった…」と、泣きそうになりながら、家にかえる途中にみた夕陽。

ダメな時の夕陽、異様にしみる現象。あるよね。(あるよね?)

これなのだ!

親鸞の言葉にもこうある。

無碍の光明は
無明の闇を破する恵日なり。
『顕浄土真実教行証文類』

――何にもさえぎられない仏の光は、この世の闇をやぶる智慧の太陽である。

この夕陽をみたときの、全身がじわっとなる感覚を思いだしてほしい。

「ダメ」がきわまって、夕陽がしみこんできた瞬間、「自分」という感覚は消えてしまっていないだろうか？

だって、デキる人のふりをしてたけど、ダメなことがバレちゃったのだ。

「自分」というフィクションが崩壊したのだ。

そのときに何がおこるか。

夕陽のひかりが、世界全てのつながりが、からっぽになった自分のなかにすっぽりはいってくる。

これ、**「言葉にならねぇ」**境地ではないだろうか？

悟れると信じて、「自力」で「空《くう》」をめざす禅の真逆だ。

悟れないことを認めると、
「空《くう》」のほうからこっちにやってくる。

「自分」が風景と一体化＝言葉にならねぇ。

まさに逆転の発想。
これが**「他力」**の哲学なのだ。
親鸞すごい。

ただ、信じる

「他力」は、われわれダメ人間にとって希望の哲学だ。
だって、自分が「ダメ」であるほど、「空《くう》」はすぐそこにあるってことだから。
デキる人間は、つまりフィクションの世界の王者だ。夕陽ぜんぜんしみてこない。
じゃあ、具体的に、ぼくらはなにをすればいいのか？
親鸞のこたえは、めちゃくちゃシンプルだ。

涅槃の真因は、ただ信心をもってす。

『顕浄土真実教行証文類』

――言葉をこえた境地にいくには、ただ「信じる」こと。

「ただ、信じる」。これだけ。

ぼくらは、悩み苦しんでる時、フィクションの世界にいる。

ほんとは「空《くう》」だとわかっていても、フィクションの世界からでられなくなっちゃう。「自分」じゃもう、どうしようもない。もう、ダメだ。

そんなときは、救いを、ただ信じればいい。

具体的には、「なむあみだぶつ」っていって、手をあわせる。これだけ。「念仏」という。

意味はかんがえなくていい。

念仏には、無義をもて義とす。

『歎異抄』第10条

――念仏は、よけいなことを一切しないのが原則。

「悟ろう」とか「邪念をなくそう」とか「なむあみだぶつってなんだ?」とか、そんなことはいっさい必要ない。

「悟ろう」っていう意図で念仏したら、それはもう「自力」の修行になってしまうから、意味がない。

親鸞の哲学は、めちゃくちゃ徹底してる。

なんもかんがえずに、あー、苦しい! とおもったときに、おもわず手をあわせちゃう感じ。**もはや、念仏という行為ですら「自力」ではない。**

全生命のつながりのなかで、自然と、手があわさる。

手をあわせるというより、あわさる。

そこに「自分」はきえている。

つらいときほど、「自分」というフィクションの世界にはいってしまう。

そんなときこそ、絶対的に「他力」にまかせる。

ただ、救いを信じる。
それだけでいいのだ。

親鸞のセンパイ「法然」の弱点

ここから、親鸞の人生に話をもどそう。親鸞には師匠がいた。
実は、「他力」の哲学は、親鸞の師匠がベースをつくったのだ。
「法然《ほうねん》さん」という。
親鸞の、比叡山のセンパイである。
親鸞は、法然センパイが大好きだった。

腐りきった比叡山のなかでも、法然は、お坊さんとしてのルールを固くまもって、真剣に修行、勉強しつづけた。
比叡山でも「智恵《ちえ》第一《だいいち》」(いちばん頭いい)とよばれていた。
法然センパイも、腐った比叡山にみきりをつけて、京都の苦しんでいる民衆を、「他力」の教えですくっていたのだ。

「ダメなやつほど救われる」

法然センパイのような、立派なお坊さんが、こういってくれたらどれほど救われるか。

えらい大学教授に「いっぱい食べるほど痩せられます」っていわれたら嬉しいのとたぶん一緒。

◆◆◆

しかし、法然センパイには、ひとつ、
致命的な弱点があった。
ふたたび、センパイをよくみてほしい。
法然先輩は、**「全然、ダメっぽくない」**
のだ。
みためも、行動も、聖人すぎた。
たとえば、こんなことをいわれたら、
どうだろうか。

「ダメな人ほど救われます…」

石油王に、「人生お金じゃないよ」っていわれたみたいな、モヤモヤ感。
「ダメなやつほど救われる」という教えに、説得力がなかったのだ。

そんなときに、比叡山の後輩、親鸞が彗星のごとくあらわれた。

親鸞は、最高の逸材だった。アツいハートをもち、「他力」の教えを深く理解していた。

そして何より、

めちゃくちゃ
庶民的な顔だった。

法然センパイの哲学を完成させる最後のピース、それが親鸞だった。

親鸞、ダメ人間をきわめる

親鸞は、**「ダメなヤツほど、救われる」**を、**徹底的に体現した。**

これね、すごいんですよ。その徹底っぷりが。具体的にみていこう。

まず、自分のダメさを徹底的にみとめることからはじめた。

親鸞はたくさん文章をのこしているが、すきあらば自分のダメさを書いて書いて書きまくる。その、ほんの一部をみてみよう。

「内は愚にして外は賢なり」（『愚禿鈔』）
↓
（親鸞は）**外ではデキるふりしてて、じっさいはダメな人間**

「欲もおおく、いかり、はらだち、そねみ、ねたむこころおおく」（『一念多念証文』）
↓
（親鸞は）**欲すごいし、めっちゃ怒るし、めっちゃ嫉妬する**

「こころは蛇蝎のごとくなり」（『正像末和讃』）

↓（親鸞は）**毒蛇のような心の持ち主**

「地獄は一定すみかぞかし」（『歎異抄』第2条）

↓（親鸞は）**地獄におちるの間違いないレベル**

「恥ずべし　傷むべし」（『顕浄土真実教行証文類』）

↓（親鸞は）**恥ずかしい　痛々しい**

まるでメンタル病んでるひとのSNSである。
とても**お坊さんとは思えない**発言のオンパレード。
そうして、自分をみつめているうちに、おもった。
お坊さんとして尊敬されてる自分、ぜんぜん「ダメ」じゃないやん。と。

「ダメな人間ほど救われる」という教えと、「まじめにお坊さんやってる」ダメじゃない自分のあり方が、矛盾してる。

そこは、気にしなくてもいいやん？　とわれわれ一般人なら無視するところだ。

しかし、超真面目な親鸞が、導き出した結論は、こうだった。

「超ダメなお坊さん」になる。


どういうことか。

お坊さんとして絶対にやぶっちゃいけないルールを、やぶることにした。

男のお坊さんには「女性にふれてはならない」という決まりがあった。それを破れば重大な罪である。

親鸞は、このルールをやぶった。

「結婚」を宣言したのだ。

結婚。「女性にふれてはならない」どころじゃない。10段階くらい手順をすっとばしてるよ。ダメなんてもんじゃない。お坊さんが、結婚を宣言する。

現代でいえば、アイドルが、「私、不倫してます！」と堂々と宣言して活動するぐらいの大事件である。

しかし、この親鸞の行動で、「ダメな人間ほどすくわれる」という教えを信じている人々は、勇気をもらったはずだ。

性欲にまけた、ダメなお坊さんでも救われる。なら、「ワイらも救われるきがするで!!」という具合だ。

話題にならないはずがない。

親鸞のまさかの行動で、**「他力」の教えは、爆発的に広がっていった。**

親鸞、逮捕されて改名

しかし、「他力」の流行は、長くつづかなかった。

新しすぎたのだ。

まじめに仏教やってる人たちからすれば、「ヤバそうな新興宗教ができてきた」という状況でしかない。

大きいお寺や、さらには最強にエラい人・後鳥羽上皇《ごとばじょうこう》の怒りも買ってしまい、**チーム法然と親鸞は逮捕されてしまった。**４人が死罪になった。ひえ〜。

なぜか法然センパイと親鸞は、奇跡的に殺されずにすんだが、京都から追放された。「流罪」である。法然センパイは高知へ。親鸞は新潟へながされた。

同時に、「お坊さん」の資格もはくだつされてしまう。

名前も一般人みたいなかんじに変更させられた。２人の名前は、こうなった。

「藤井元彦」（元・法然）

「藤井善信」（元・親鸞）

ウソみたいだろ…。８００年前の政府のネーミングセンス、現代的すぎる。

法然にいたってはコナンにでてきそうな名前である。

法然→**藤井元彦**

親鸞→**藤井善信**

オーラはゼロである。

めちゃくちゃ普通のひとにされてしまった。いずれにせよ、流罪になった2人は、離れ離れのまま、二度と会うことがなかった。かなしい。

親鸞、覚醒する

しかし、逆境であるほど、親鸞はかがやいてしまう。

「超ダメなお坊さん」だった親鸞だったが、もう、「お坊さん」ですらなくなったのだ。

なんなら「犯罪者」あつかいである。

親鸞は、おもった。

「おれはただのアホなハゲだ…！」

親鸞はみずからを「愚禿《ぐとく》」＝「アホなハゲ」となづけて、**究極のダメ人間のすがたを、体現することに成功してしまったのだ。**

流罪が、親鸞を、最終形態に覚醒させたのだ。

「愚禿」親鸞。究極のダメ人間。

社会的に、無の存在。

流罪の地、新潟の日本海からみた夕陽は、しみたはずだ。

そうして、「無」をみとめきった瞬間、「無限」の境地がひらかれる。

「言葉にならねぇ」世界。ありのまま。

親鸞は、逮捕され、すべてを失うことで、「ダメなやつほど救われる」を完全に体現する存在に

なったのだ。
「他力」の哲学の完成である。「他力」。とんでもない哲学である。

さとり人口の拡大

親鸞が身をもって体現した、「他力」のおしえは、仏教に革命をおこした。

「ほぼ悟ってる」一般人を、大量にうみだしたのだ。

その悟り系一般人を**「妙好人《みょうこうにん》」**という。新ジャンルである。

それまで、さとった人なんて、「すごい人」しかいなかった。「達磨大師」とか。名前からすごそうだ。

しかし、妙好人はちがう。

現代にもいる、めちゃくちゃ一般人なのだ。

『妙好人を語る』（NHK出版）という本に記録されている人をみると、
石川県の**「東さん」**

福井県の**「竹部さん」**

大阪府の**「榎本さん」**

のなまえがある。ガチの一般人である。

かれらには、この本で紹介した有名人たちのような、激しいストーリーはない。しかし、たしかに「言葉にならねぇ」境地にいた。

大阪府の**「榎本さん」**が趣味でかいた詩を引用してみよう。

「花」

私は梅
あなたは桃
花のいのちは
どこかで一つに融け合うている
融け合いながら
私は梅に咲き
あなたは桃に咲く

『妙好人を語る』第六章

なんかわからんけど、確実にすごいレベルの高い境地にいそうである。
私は梅。あなたは桃。
言葉をこえた、すべてのつながりを感じとる境地にいたんだろうなという詩である。
福井県の**「竹部さん」**も詩が趣味だったので、作品がのこっている。

「愚」
愚　愚　愚
わが身の愚をわが身が知る
ああ　ありがたいこと　ありがたいこと
『妙好人を語る』第六章

これはすごい。
親鸞そのまんまである。
800年のときをへて、現代にも親鸞は生き続けている。
悟り系一般人、「妙好人」のひとたちは、欲をかんぜんに克服したりしていない。

ぼくらとおなじように欲にまみれてすごしながら、「空《くう》」の境地に生きているのだ。

日本のいたるところに、妙好人はいるはずだ。

もしかしたら、お坊さんよりも、悟りに近い一般人がめちゃくちゃたくさんいるかもしれない。

親鸞は、逮捕されてすべてをうしなったが、彼がのこした遺産はとんでもなく大きい。

ぼくと「他力」

ここから、ぼくにとって、「他力」の哲学がどう人生にいきたかを書いてみようと思う。

まさにいま、「他力」のはたらきを感じながら、この文章をかいている。

3月1日　午前3時9分。

あと15時間以内にこの5章を提出しないと終わる状態で、この文章を書いている。
来月発売で、アマゾンのページで予約受付中なのに、まだ原稿が書けてない。
ぶっちゃけ「他力」、ぜんぜんわからない。
わからないのに、「他力」を自分の人生にどういかしたか、なんてかけるわけがない。
今日一日、大谷翔平が結婚したニュースばっかりみつづけてた。
そもそも、東洋哲学のこと、ここまで偉そうに書いてきたけど、何もわかってない。
わかってるフリをしてるだけ。
「こう書いたらウケるかな」
「こんなこと書いてキモいっておもわれたらどうしよう」
と、承認欲求にとらわれている。
東洋哲学について書いてるのに、承認欲求からまったく自由になってない。
そんな自分が、東洋哲学をかたってたけど、ウソだったんや。

もうあかん、終わった。出版中止や。

自分が「ウソつき」だとみとめるしかなくなった。
その瞬間、パッと視界が広がった。

「そっか、自分がウソつきだって、書いちゃえばええやん」

それがこの文章。なんとかなった。不思議。
おもわず手をあわせた。

「ダメなヤツほどすくわれる」という教え。もともとは、この言葉である。

> 善人なおもて往生をとぐ、いわんや悪人をや。
>
> 『歎異抄』第3条

「ダメなやつ」は、わかりやすく説明するための、ぼくの意訳で、親鸞は**「悪人」**という言葉をつかった。

いまおもえば、「悪人」を**「嘘つき」**と解釈するのもおもしろいかも。

悪人を**「嘘つき」**
善人を**「正直者」**

としてみよう。

仏教の哲学の前提にもどってみると、そもそも、ぼくらは、言葉のフィクションの世界の中にいる。

フィクションということは、ものすごく雑にいえば「ウソ」なのだ。

ぼくたちは、絶対に、ウソをつかずに生きていくことはできない。

で、あるならば、おもしろい逆説がおきる。

自分を「正直者」と思ってる人は、全員「嘘つき」
自分を「嘘つき」と思ってる人は、全員「正直者」

ということになるのだ（！）

自分が「嘘つき」だと認められた時に、はじめて「正直者」になれる。

親鸞の哲学が「わかる」設定で書いているときは書けなかったけど、「わからない」と認めた瞬間、親鸞のいってることがちょっとわかった気がした。

不思議や。とりあえず原稿は形になった。

東洋哲学っておもしろいっすね…。

◆◆◆

人生ふりかえると「死んだ」と思うたびに、ラクになってきた。


会社員やって、全然しごとできなくて「死んだ」

地方移住して、人間関係うまくいかず「死んだ」

芸人になって、自分がつまらなすぎて「死んだ」

無職になって、離婚して、シンプルに「死んだ」

何回死んでるねん。

昔の自分からみたら、いまぼくは「死後の世界」にいきてる。

そもそも「死」っていうけど、ほんとに死ぬわけじゃない。

社会的な「死」、人間関係からの「孤立」を恐れてる。

でも、この世界は、人間だけじゃない。

むしろ、人間関係が消滅してはじめて、夕陽とか、海とか、草とか、「ぜんぶ」とつながる感覚になってきた。

まちの街路樹をみても「おう、お互いがんばろや」という気持ちになれる。

まえなら、視界にもはいってなかった。

おもしろいことに、社会的に死んだ「からっぽ」の自分で、この世界とつながりなおすと、人間関係もうまくいくようになった。

「からっぽ」になったことで、この本をかく依頼がきた。

本、むかしから、書いてみたかった。
会社員がんばって、起業して、成功して、本かく。的な。
でも、逆だった。
会社員でつまづいて、その後ぜんぶでつまづいて、本かくことになった。
この未来をむかしの自分がしったら、死ぬほどビックリすると思う。

「ダメなやつほど救われる」

めっちゃ不思議な哲学。なむあみだぶつ！

まじで、ありがとうございます!!!

日本編

6章 密教

欲があってもよし

空海の哲学

いよいよ最終章である。

ここでは、ラストにふさわしい哲学、**「密教」**を紹介する。

密教とは、**「秘密仏教」**の略である。名前からしてヤバそうだ。


仏教は、時代をこえて進化してきたが、「密教」はその最終形態だ。

これまで紹介した仏教哲学では、「現実世界」を「フィクション」だと否定してきた。

ところが、密教になると、**一周回って、この「現実世界」をまるごと肯定してしまう**のだ。


この章では、そんな「密教」の哲学をまとめあげた人物、**「空海《くうかい》」**を紹介しよう。

空海。仏教のお坊さんである。日本人である。

前の章で紹介した、親鸞よりも約400年前の人である。

親鸞よりも空海をうしろで紹介するのは、ふつう変だ。

しかし、空海がつたえた「密教」は、仏教の最終形態。いわば**究極の哲学**だから、あえてラストにもってきた。

フィジカルモンスター・空海

ヴィジュアルからチェックしていこう。（肖像画がつかえないので、イラスト化した。）
空海は、こんな人（←）である。やわらかくて、どこか品のある感じがする。

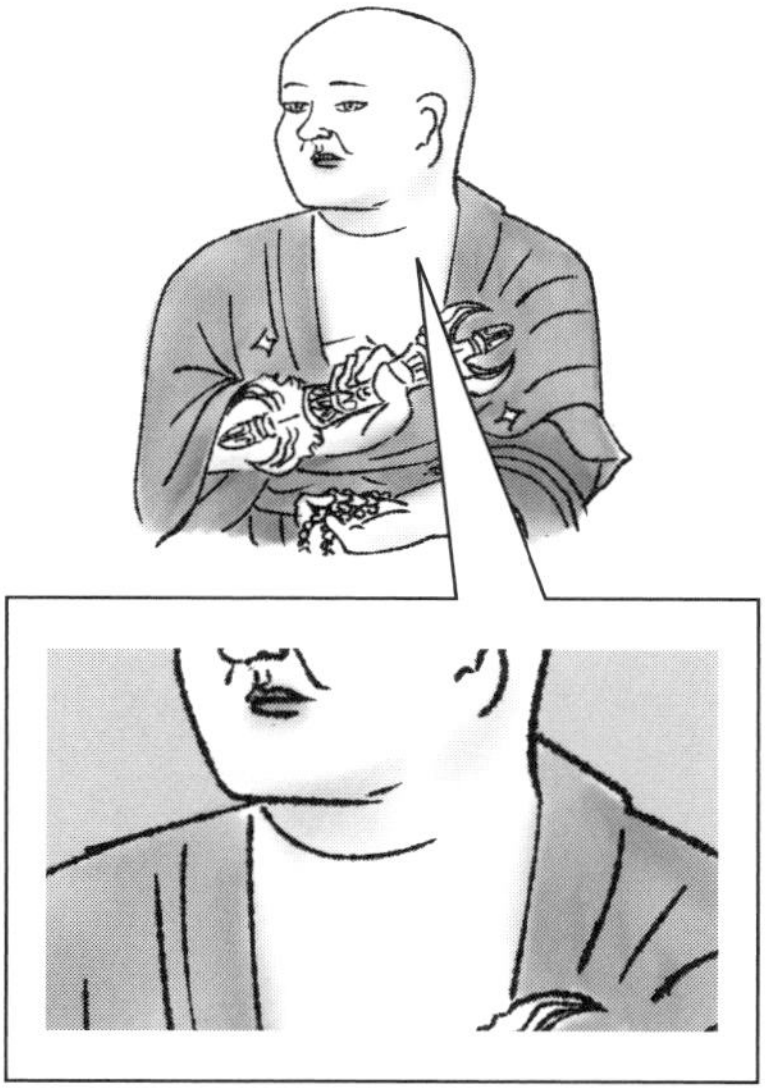

ここ

しかし、僕がどうしても注目してしまうのは、ここだ。

尋常ではない首の太さ。

柔道で全国大会にいった男が友達にいるが、空海のほうが太い。肩幅もえげつない。フィジカルモンスターである。

さらに、気になるのは金色に輝くアイテム。

手首の柔軟さも気になるところだが、このアイテムは「五鈷杵《ごこしょ》」という**武器**である。

武器といっても、物理的にぶん殴ってつかうわけではない。

人の心にすみつく「魔」を打ち砕くためのものだ。

いってみれば、**アスリートレベルのフィジカルの人間が、武器を持っている図だ。**

常識を超えている。

万能の天才、空海

空海は、どんな人物だったのか？ひとことでいうと、**「天才」**である。

日本初のノーベル賞をとった天才・湯川秀樹が、「天才」として最初に名前をあげたのが、空海である。引用しよう。

「長い日本の歴史の中でも、空海というのは、ちょっと比較する人がいないくらいの万能的な天才ですね。」
「世界的に見ましても、アリストテレスとかレオナルド・ダ・ヴィンチとかいうような人と比べて、むしろ空海のほうが幅広い。」

湯川秀樹『天才の世界』

絶賛である。

「万能の天才」とはどういうことか。

まず、死ぬほど頭がよかった。

ちょっと信じられないようなエピソードがある。

空海は、当時、世界一栄えていた唐（中国）に留学した。

最先端の仏教「密教」を、一番すごい寺・青龍寺で学んだ。

そこで、空海は「密教」を3ヶ月でマスターしてしまった。

さらにお寺のトップに、**「密教」の正式な後継者として指名されたのだ。**

想像してほしい。青龍寺は巨大な寺である。

数百人の中国のエリート僧侶が、何十年も修行している。

そんな中、**「日本」とかいう謎の国の留学生が、たった3ヶ月の修行で、後継者に指名された。**そんなことある？

たとえるなら、日本最強の柔道道場に、マダガスカル人がやってきて、3ヶ月で全てを習得して、次期トップにえらばれたかんじ。

どんだけ凄かったんだ。


さらに、空海は、「密教」をただ学んだだけじゃない。

膨大な教えを、一つの巨大な理論にまとめて、オリジナルの哲学にしてしまった。まさに天才である。


頭がいいだけではない。芸術の天才でもあった。

日本の歴史で、最高の書道家は空海だ。

これ（←）は『風信帖《ふうしんじょう》』とよばれる傑作だ。

よく観察してほしい。

驚くことに、一文字ごとに、太さ、崩し方が全く違う。

音楽にたとえるなら、1曲に「クラシック」「ヒップホップ」「ジャズ」「演歌」を展開しつつ、ぜんぶ一流で、なぜか調和してるかんじ。

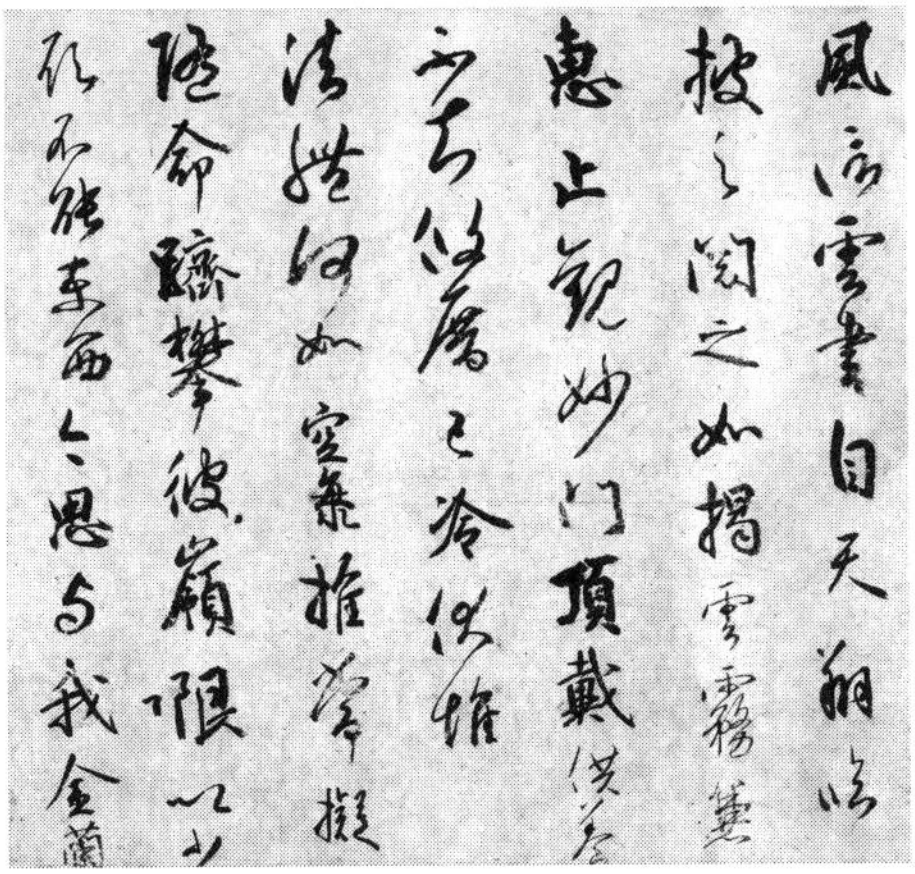

空海作『風信帖』

かっこいい

うっすいな

ぬ？

狂気じみた作品や。

さらには、事業家としてもすごかった。

空海の地元である香川は、昔から水不足になりがちな土地で、水をためるダムが必要だ。

彼らは、水がないと「うどん」がつくれない。

空海は、「満濃池《まんのういけ》」にダムを設計して、香川県民を総動員して、完成させたのだ。

その際、水の力を分散させるためにアーチ型の堤防がつくられたのだが、これは1200年前の空海のアイデアであり、そのダムは現代でもつかわれている。

空海は、まさに**万能の天才**だったのだ。

空海は陽キャ

「天才」というのは、空海を語る上で、誰もがつかう言葉である。

しかし、ぼくとしてはもう一つ大事なワードで空海を伝えたい。

空海は、ただの天才ではない。空海は、**「陽キャ」**なのだ。説明しよう。

「陽キャ」「陰キャ」とは、21世紀の日本の学校でつかわれている流行語である。

めだつタイプを「陽キャ」、地味なタイプを「陰キャ」とよぶ。

陰と陽、それぞれに「キャラクター」の「キャ」をくっつけている呼称だ。

はじめてこの言葉をきいたとき、「日本の文化のベース、めっちゃ東洋哲学なんだな」と感動した。

アメリカとかに輸出しても流行りそうなことばだ。

もちろん、ぼくは「陰キャ」であった。

「陽キャ」のことを、うらやましくおもいながら、憎んですごしていた。

さて、空海の話にもどろう。

空海は「天才」と同時に「陽キャ」である。これは、とんでもないことなのだ。

このグラフ（←）は私の完全な偏見をグラフ化したものである。

導きだされるのは、天才はほぼ「陰キャ」であるということだ。

まわりの「天才」とよばれた人を思い出してほしい。「陽キャ」は皆無のはずだ。

これも全くの偏見だが、陽キャは、明るくて華があるので、特別がんばらなくても友達がいっぱいできるし、それで満足する。

一方、陰キャは「なぜ自分には友達ができないのか」と悩み、努力する。

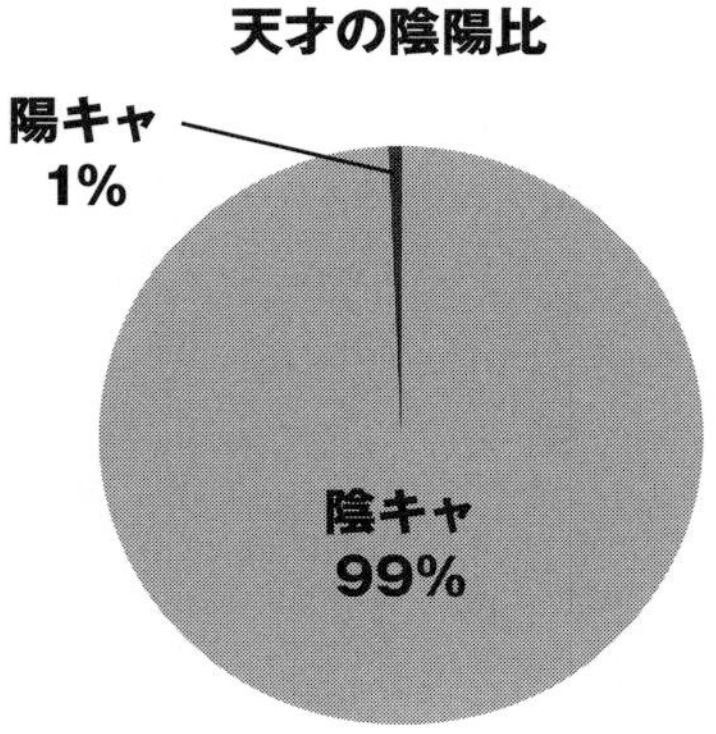

そうやって居場所をつくっていく。
この切実な努力が「天才」を開花させるのだ。

ところがである。

空海は「陽キャ」なのに、「天才」なのだ。ずるすぎる。

「鬼に金棒」どころじゃない**「鬼にイージス艦」**レベルだ。

東洋哲学やるひとの「弱点」

空海は、ものすごくレアな存在である。
たとえで説明してみよう。
一つの学校の教室を想像してほしい。
これまで紹介してきた哲学者たちは、どんなポジションにいるだろうか。

ブッダ
王子時代なら、教室のはしで窓の外をながめているタイプ。

龍樹
クラスメートはおろか先生まで論破する、超面倒なタイプ。

老子
そもそも教室にいない。校庭で草と同化している。

荘子
一度たりとも学校にきたことがない。

達磨大師
無言。教室の後ろの壁にむかってずっと座っている。

親鸞
テストでわざと0点をとりつづけて退学になった。

このように、誰一人として「陽キャ」はいない。
ふつうの社会性をもってたら、そもそも東洋哲学をやる必要ないしね。

しかし、**空海は、クラスの中心にいる人気者だっただろう人だ。**

えげつない社会性。東洋哲学の人の中では、超レアケースだ。


東洋哲学にはある意味、「弱点」がある。

世界のフィクション性をみやぶりすぎて、無職になりがちなのだ。

空海は、その「弱点」を克服している。

東洋哲学をきわめていながら、ダムとかもつくる。

政治にもかかわっていた。**めちゃくちゃ社会的なのだ。**

空海のすごいところは、ドロドロの政治のど真ん中にいながら、誰ともケンカにならず、仏教の精神で生きつづけたことだ。

妖怪だらけの政治の世界にいながら、「空《くう》」を体現する。

どうやったらそんなことが可能なのか?

その秘密は、まさに空海のつたえた「密教」の哲学にあったのだ。

密教は、「社会」にめちゃくちゃ肯定的なのだ。

いわば**脱・無職の哲学**なのである。

「密教」は超ポジティブ

「密教」とはなにか？
「秘密仏教」の略である。
「秘密」ってなんだ？「生命の秘密」だと、ぼくは解釈している。
仏教は、お葬式など、「死」のイメージが強い。
しかし、密教では、一周まわって**「生命」を大肯定する哲学**なのだ。

◆◆◆

突然だが、この画像をみてほしい。

鼻毛である。

自分の鼻毛をぬいて写真をとってみたが、キモかったので、有料でこの画像を購入した。

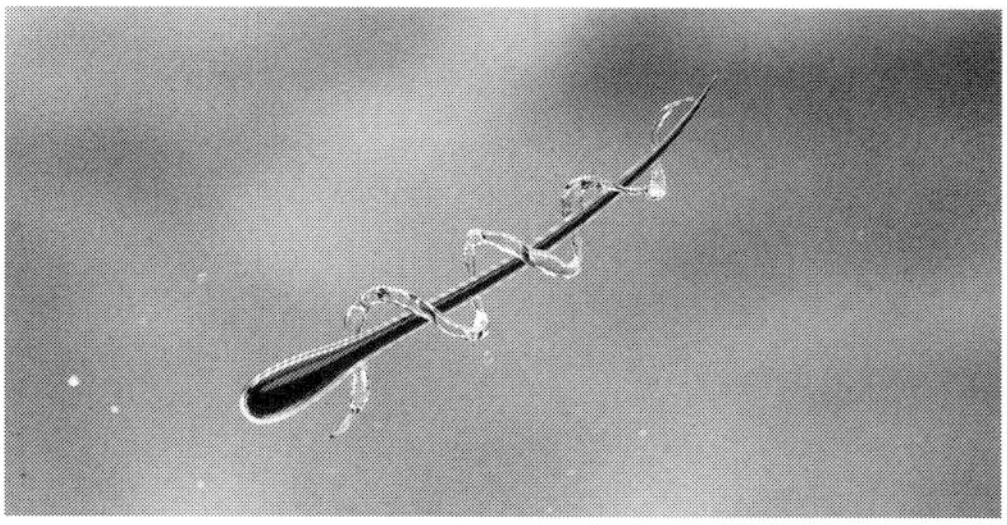

鼻毛をみて、こう思ったことはないだろうか？

「こんなものが生えてくるってスゴイよな…」と。

鼻毛は、太い。

こんな立派なものが、「無」から大量に生まれてくる。

毛根のグリップは、抜けやすすぎず、抜いても痛すぎずの絶妙なバランス。なにより、抜いても何事もなかったかのように、また生えてくる。

鼻毛は、「生命の神秘」だ。いや、鼻毛だけではない、耳毛も、指毛もだ。


すべてのものが神秘そのものなのだ。

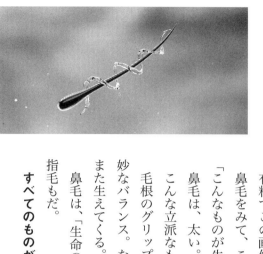

鼻毛のながさを測っても、鼻毛がはえかわるサイクルを知っても、ぼくたちは「鼻毛」の神秘をなにもしらない。思考をこえている。

これを仏教では「不可思議《ふかしぎ》」という。ふしぎってことだ。

子供のころを、思い出してほしい。

世界はいまよりずっと「ふしぎ」で、輝いていたはずだ。

でも、大人になると、世界が「フィクション」の雲でおおわれる。

「ふしぎ」を失った世界だ。

いつもと同じ部屋をでる。
いつもと同じ道をとおる。
いつもと同じ会社にいく。
いつもと同じ人とはなす。

しかし、「いつもと同じ」というのは、フィクションだ。すべて、一瞬一瞬変化している「ふしぎ」なのだ。

あなたが日常に「つまんね」というときも、あなたの鼻毛は「生命の秘密」を大放出中である。鼻毛だけではない。みのまわりのすべてのもの。机が、床が、空が、ぼくらのフィクションの外側で**「生命の秘密」**をたれながしているのだ。

ぼくらが、気づけないだけなのだ。

衆生は無明妄想をもって本性の真覚を覆蔵する。
『弁顕密二教論』第二章　第四節

——ふつうの人は妄想によって、さとりの世界を、自分でかくしている。

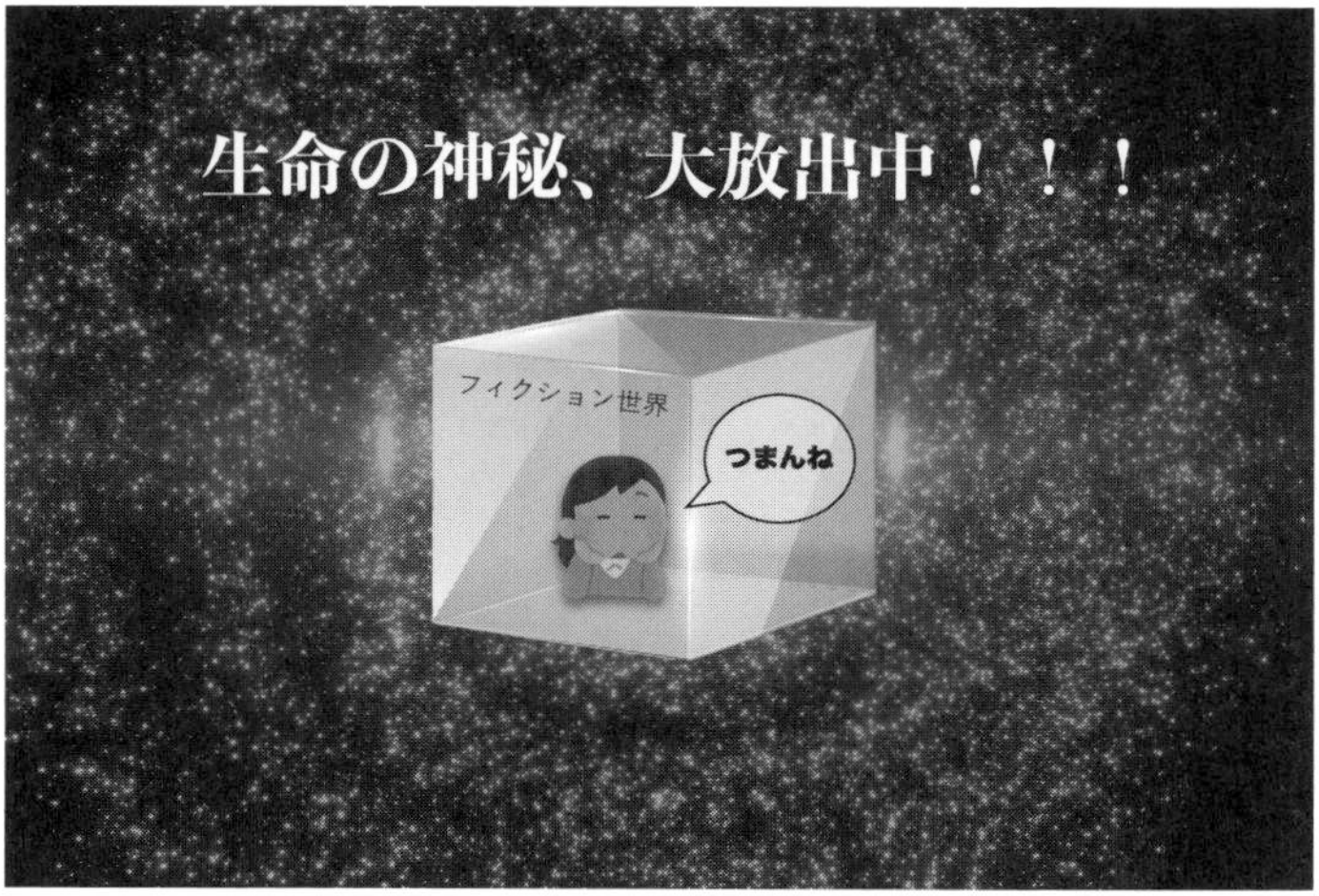
生命の神秘、大放出中！！！
フィクション世界
つまんね

「自分」や「世界」というフィクションからぬけだして、「生命の秘密」と一体化しよう、というのが、密教である。

「密教」の「空《くう》」

密教は、「禅」とくらべると、おもしろい。
禅と密教は、おなじ仏教だけど、みてるところが正反対。
禅は「死」、密教は「生」にフォーカスがある。

たとえば、この問いにたいして、どう答えるか？

「本当の自分」とはなにか？

禅の回答はこれ（←）である。
そんなもん、ない。からっぽだ。
筆でぐるっと一周、◯をかく。「円相」という。
禅のお坊さん、「なんか書いて！」ってお願いされたら、これ書きがち。

な〜んも、ない

一方、密教はどうだろうか？

「本当の自分」とはなにか？

答えはこれ（←）である。ドーン！

なんじゃこれ!! ブッダだらけ!?

「マンダラ」と呼ばれるものだ。

「マンダラ」は「本当のあなた」を表現したものだよ。

といわれて、どうおもうか？

「どこが？」

としか言いようがないだろう。

禅の○が「本当のあなたです」っていわれたら、「深いっすね…」とかえせる。

禅

密教

でも、マンダラ。尋常じゃない雰囲気だけど、一体なんなのか？

じつは、マンダラこそが、「生命の秘密」の姿をえがいたものなのだ！

あらためて、禅と密教の比較をしてみよう。

どちらも、「本当の自分」を表現したものである。

驚くほど対照的である。一見正反対。

しかし、どちらが正解で、どちらが間違っている、という話ではない。

すべてが「空《くう》」、フィクションであるという哲学は、禅も密教もかわらない。

ただ、**密教は、「空《くう》」のさらに「奥」をみようとする。**それが「生命の秘密」なのである。

空海は、マンダラの世界を、こんな言葉で表現している。

秘中の秘、覚中の覚なり。

『秘蔵宝鑰』巻の上　序文

――秘密のなかの秘密、さとりのなかのさとりだよ。

とにかく、なんかスゴい、ということだけはわかる。
まずは、そのマンダラの中身をみていこう。

マンダラにかかれているもの

マンダラにも種類がある。さっき紹介したのは「胎蔵《たいぞう》マンダラ」という。

一文字目が胎盤の「胎」。

お母さんのお腹のなかのイメージだ。

まず、真ん中をみてみよう。

「大日如来《だいにちにょらい》」といわれる。

花びらのうえの、8人のブッダ的な人にかこまれている。

まさに、ブッダのなかの、ブッダ。いわば、スーパーブッダ。

なんかラップみたいだ。

読者からすれば、とつぜん新キャラがでてきて戸惑ってしまうはずだ。

説明しよう。

第1章でてきた、あの人間・ブッダをおもいだしてほしい。

ブッダは、さとった。

そのさとりの世界は、「すべてはつながっている」ということだ。

ブッダは人間だが、「ぜんぶつながっちゃった」のだ。

もはや「自分」という認識すらない。

ここまでくると、「人間」なのかあやしい。

すべてつながっている、この宇宙そのものになっている。

「大日如来」とは、この「ブッダの究極のさとり状態」そのもののことだ。

つまり、「すべてがつながっている」世界。

これは、ことばにできない。

だから大日如来という「**象徴**」で表現する。


「象徴」ってなんだ？　例をだそう。


去年、熊本にあそびにいった。

友達のしょうたろう君に会いにいった。楽しかった。

おみやげに熊本の象徴、「くまモン」のぬいぐるみを買った。

熊本にいったのは、何ヶ月もまえだ。

ところが「くまモン」をみるたび、「阿蘇山の風景」「しょうたろう君とのＢＢＱ」「新幹線にのりおくれた」などの、バラバラな思い出が、同時にわきあがる。

これが「象徴」のちからだ。

くまモンという「象徴」が、熊本にいた「心」をよびおこす。

同じように、「大日如来」も、さとりの世界がギュッとつまった「象徴」なのだ。

「すべてのつながり」の象徴、大日如来。もはや「宇宙そのもの」だ。

さとったらみんないっしょ

ここで、かんがえてみたい。
ブッダはさとって「すべてはつながっている」状態になった。
ぼくらもさとれば「すべてはつながっている」状態になるはずだ。一応。
そうなると、である。
理論上、ぼくも人間・ブッダも、究極的にはおなじ存在になってしまう。
ぼくも宇宙。
人間・ブッダも宇宙。
これが密教の世界らしい。

五大にみな響きあり。

『声字実相義』

――宇宙は、声をもっている。

空海のことばを、意訳してみた。
空海にとっての宇宙は、生命のエネルギーに満ちている場所だ。
生命エネルギーが動きまくって、衝突しながら「声」を発している。

火山が爆発する音も
風に木がゆれる音も
人間がはなす声も
すべて、宇宙自身の、大日如来の「声」である。
ぼくらがしゃべるとき、宇宙がしゃべっているのだ。
「宇宙がしゃべっている」というと、変なかんじがする。

なぜか。

「宇宙」と「自分」が別の存在である。

という、じつは謎なフィクションを受けいれているからだ。

「自分」というストーリーを捨てた瞬間、自分が宇宙そのものであることを知る。

自分＝宇宙

つまり、

自分＝大日如来

であることを「悟る」。

それが、空海の「密教」の目的なのだ。

すべてはつながっている

=

すべてはつながっている

しかし、どうやったら「悟る」ことができるのか？
空海の示した方法は、めちゃくちゃヤバい。

大日如来に、なっちゃえよ！笑

軽い……！　発想が「陽キャ」すぎて、ついていけない。
「なっちゃえよ」って、どういうことだ？
じつは、具体的な方法がある。

大日如来と、

「身」：　同じポーズで
「口」：　同じ言葉をつかい
「意」：　同じ心をもつ

という方法だ。

意味不明だと思う。もう少しついてきて。
例えば、ドラマをイメージしてほしい。
ひょうきんなコメディアンでも、ドラマなら「大統領」になれる。

「身」：　大統領と同じポーズで
「口」：　大統領と同じ言葉をつかい
「意」：　大統領と同じ心をもつ

「大統領」になりきってしまえば、「大統領」だ。
同じように、「大日如来」になりきってしまえば、「大日如来」だ。
そう空海はいっている。

…と、ここまで書いて「なるほど！」と納得できる人、いないでしょ。
ドラマは、ただのドラマ。
じっさい「大統領」とか「大日如来」になれるわけないやん。と。

なんか、**「子供みたいな発想」**じゃない？　正直、ぼくも最初はそうおもってた。

しかし、そんな大人のぼくらは、**「なりきる」ことのパワーを甘くみているのだ！**

ここが、空海の哲学の核心なので、じっくり紹介していきたい。


じつは、芸人で、ほんとに大統領になっちゃった人がいる。

ウクライナのゼレンスキー大統領である。

かれは「全裸でピアノをひく」とか、かなり体をはるタイプの芸人だった。

しかし「国民の僕《しもべ》」というドラマで、大統領役にえらばれた。

「身」：　大統領と同じポーズで
「口」：　大統領と同じ言葉をつかい
「意」：　大統領と同じ心をもつ

を、やりきった。

あまりの熱演に、ドラマは大ヒット！

すると国民の間で、**「あいつ、マジで大統領になったらいいやん」**という機運がうまれた。

そして、ほんとに選挙にでて、ほんとに「大統領」になっちゃった。
「なりきる」を徹底すれば、ここまでのパワーがある。
芸人も大統領になれる。
ぼくもいけるかも!? 発想が「陽キャ」になってきた。

「なりきる」ことのパワー

芸人が大統領になる。
こんな出来事、まずない。ゼレンスキーはんが特別なんや。そう思うだろう。
でも、意外とそんなことない。
ぼくらは、想像以上に、「なりきる」パワーをつかって生きてる。

ひとつエピソードをかたりたい。

先日、大阪のユニバーサルスタジオにいってきた。「ＵＳＪ」だ。ＵＳＪには、魔法小説「ハリーポッター」のアトラクションがある。なかのグッズ売り場に、ハリーポッターの「杖」がうられていた。杖って。ただの「木」じゃねぇか。「ナンボすんねん」と、値札をみた。衝撃で目玉がとびだした。

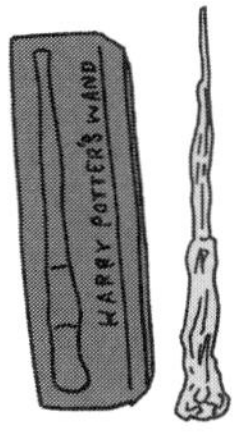

5000円（＋税）

だったのだ。たっか！！！

生産者には申し訳ないが、木の棒に５０００円。ないわ。

子どもは、ハリーポッターの制服をきて、杖をふりまわし、

「エクスペクト・パトローナム！」

なる呪文を、叫びちらかしていた。完全にハリーポッターになりきっていた。

ハリーポッターと

「身」…　同じ服と杖をもち
「口」…　同じ呪文をとなえ
「意」…　同じ心をもつ

ぼくからみたら「木の棒に5000円はらった愚かな子供」だ。
服は不自然。杖もにせもの。呪文もちゃんといえてない。
でも、本人は、純粋に「ハリーポッター」になりきっている。
なりきることで、「困難にいどむ勇気」とか、大事なこころを獲得していく。

「なりきる」ことのパワーは、人の器をでっかくするのだ。

ぼくみたいな腐った大人は、「なりきる」パワーをバカにして、人格の成長がとまってるのだ。

30代無職。USJで大切なことを学びました。

◆
◆
◆

小学校、中学校、高校、社会人。

人生のふしめで、「服」がかわってきたはずだ。

学校は制服。仕事はスーツ。

最初は、にあわない。でもだんだん、「服」にあう「自分」になってくる。

服が「自分」をつくるのだ。

もうひとつ。

「あこがれの人」も「自分」をつくる。

「マンガの主人公」「アイドル」「芸術家」「経営者」

かれらに、「なりきる」時期があって、「自分」がつくられてきた。

そうだよね!?

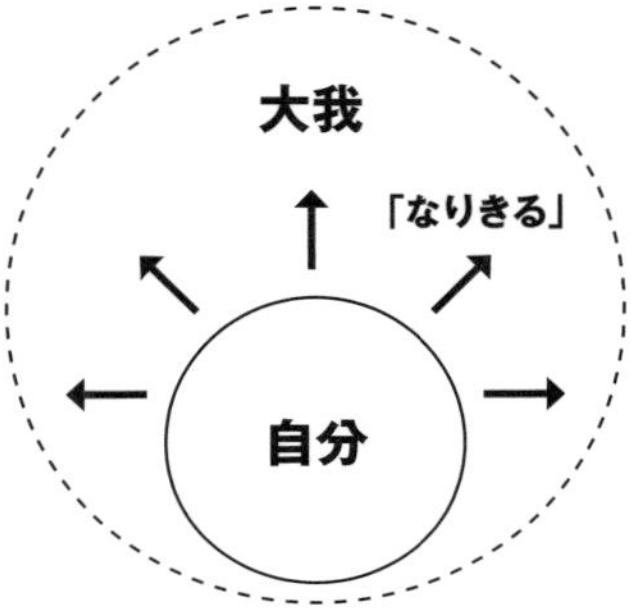

「なりきる」こそが「自分」をつくる。
「自分」をこえた、でっかい「自分」になる。
空海はそれを、**「大我《たいが》」**と呼んだ。

密教も、ブッダの流れをくむ仏教だ。

ブッダは、「無我」といった。

「自分」は「フィクション」だ。

空海は、「大我」といった。
「自分」が「フィクション」なら、逆に、どれだけデカい存在にもなれる!
「無我」だからこそ、「大我」になれる。

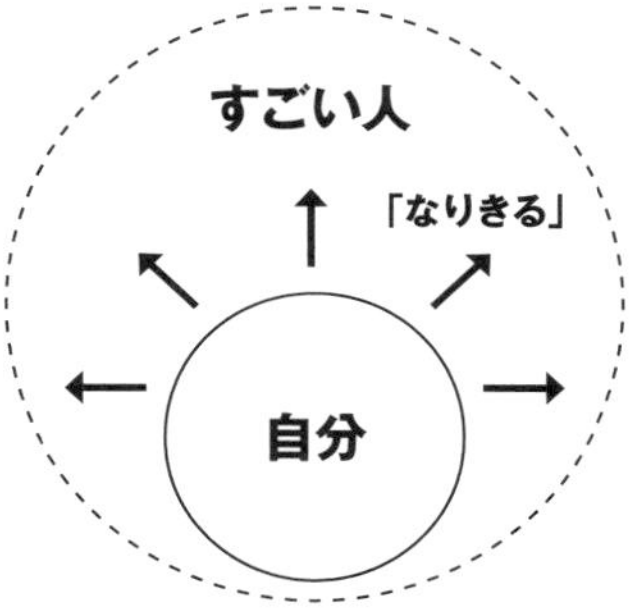

デカい存在。たとえば、「ハリーポッター」「スティーブ・ジョブズ」「お母さん」
イメージは、こんな感じ。(↑)
でも、しょせん「人」だ。
有名人も、不祥事をおこす。
昔好きだったけど、もう尊敬できないとか。あるある。

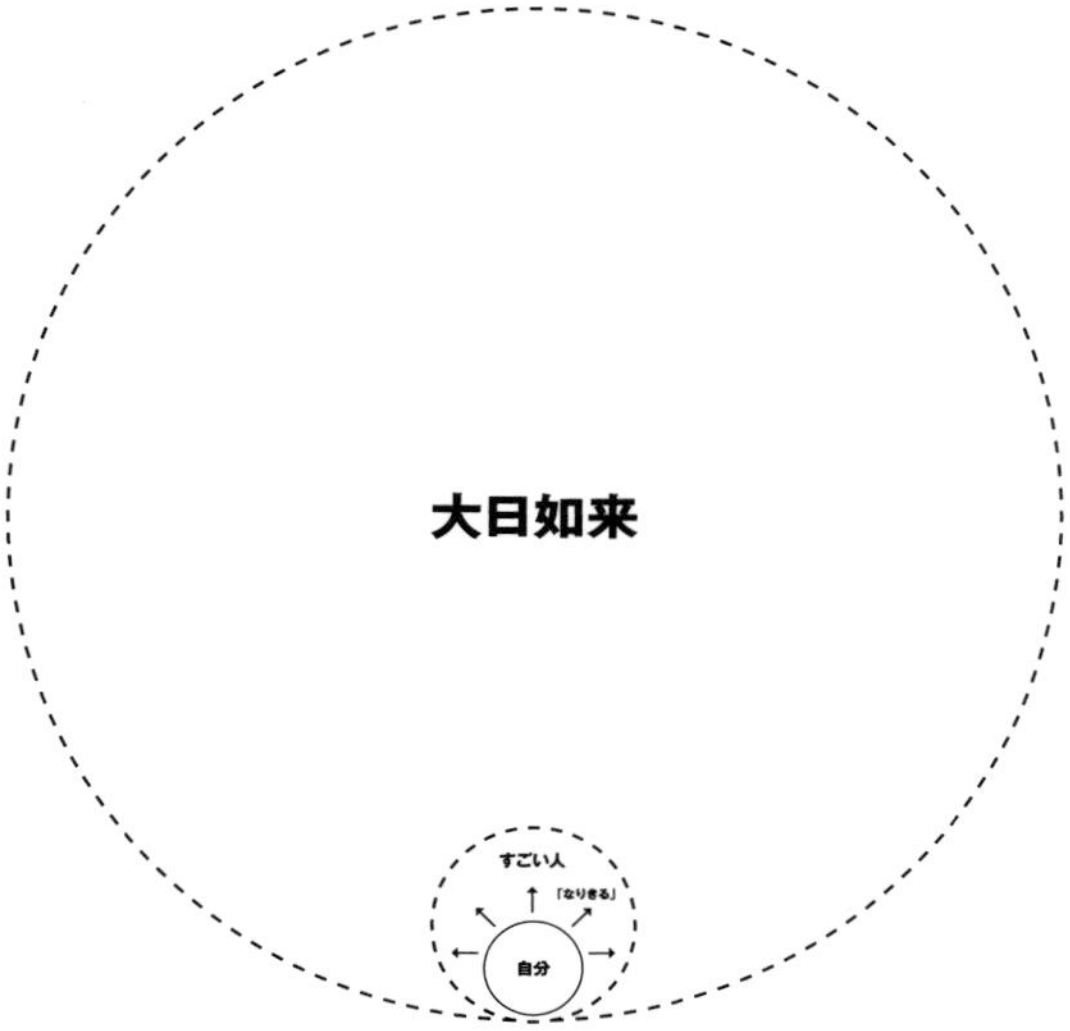

でも、空海のいう「大我」は、ちがう。
「大日如来」だ。
最高にスケールがでかい。
イメージは、こんな感じ。
次元がちがうのだ。

大日如来になりきる

では、じっさいに大日如来に「なりきる」方法をみてみよう。

大日如来と、

「身」… 同じポーズで
「口」… 同じ言葉をつかい
「意」… 同じ心をもつ

である。

これを「三密」という。

コロナウィルス対策で、東京都知事の小池さんが「3密」という言葉をつかった時、SNSの密教僧たちがザワついてた。密教の「三密」が1000年早い。

さて「三密」である。
大日如来になりきる。
これ、ハリー・ポッターになりきるのと、わけがちがう。
まず大日如来と「同じポーズ」って、なんやねん。知らんやん。

ここで、密教は「象徴」をつかう。
「これが大日如来のポーズ」という、いわば「お約束」がきまってる。

ある「手のかたち」をすると、大日如来と「身」が一致すると考えるのだ。
この手の形だ。

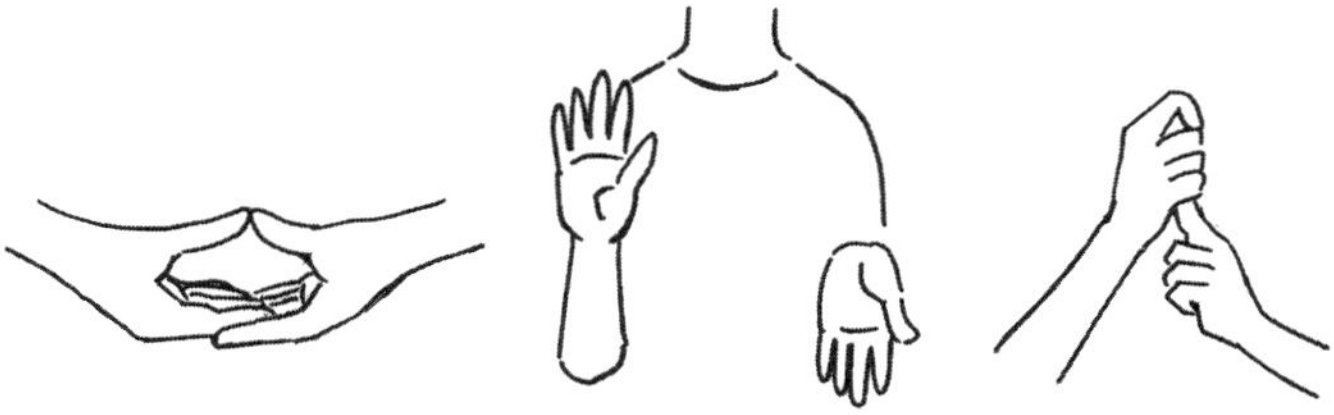

ちなみに、仏像とかの、独特の手の形を「印《いん》」とよぶ。
実は、ぜんぶ名前と意味がきまってる。

大日如来の手の形、は「智拳印《ちけんいん》」という。
人差し指をたてている左手が、「人間世界」の象徴。
指をつつみこんでいる右手が、「仏の世界」の象徴。

「仏と人間はひとつやで！」という意味がこめられてる。
「印」をつくることで、大日如来の「身」になりきっている、と考えるのだ。

外からみれば、ただ手で形をつくってるだけ。
でも、ハリー・ポッターになりきる子どもをおもいだそう。
「なりきる」気持ちが大事だし、それで十分なのだ。

◆
◆
◆

ここまでは「身」「口」「意」のうち「身」の一致を説明した。
次は、「口」パート。

「口」…大日如来と同じ言葉をつかう

どうすればいいのか？
ここでも、お約束が決まっている。
「オン　バザラダト　バン」と唱えるのだ。
「真言《しんごん》」とよばれる。いわば呪文だ。
空海の密教を伝えるグループのことを**「真言宗《しんごんしゅう》」**とよぶ。
それくらい、真言は、空海の哲学のなかで重要なものだ。

真言宗のお寺では、毎日「真言」という名の呪文がとなえられている。

現代でも呪文、つかってんの!?

空海の哲学をしるまで、そんなことを知らなかった。ビックリしたし、そんな伝統が生き続けてることにワクワクした。

◆◆◆

「身」「口」、ときて、最後は「意」。


大日如来と心を一致させる。どうやるか。

正直にいおう。わかんないです!

これ、密教の修行をする人にしか教えてもらえないのだ。

「印」も「真言」も、一般人には秘密のものがたくさんあるらしい。

でも、一般人にもできる「心の一致」がある。

大日如来の姿を、心に思いえがく。シンプルや。

大日如来は、「すべてのつながり」だから、巨大すぎる。
だから、「絵」や「仏像」といった象徴をつかう。
くまモンが、巨大な「熊本」を象徴できちゃってる、あのかんじ。
ハリーポッターにも、メガネと、おでこの稲妻という「象徴」がある。
大日如来は、こうえがかれる。

この姿を、心におもいえがくことで、大日如来の心に「なりきる」のだ。

まとめよう。
大日如来の
「身」…　手の形（印）をつくる
「口」…　真言をとなえる
「意」…　姿をおもいえがく
ことで、大日如来に「なりきる」。

すべて、象徴の力をフルにつかっている。

これが、空海の示したさとりの方法だ。

その名も**「即身成仏《そくしんじょうぶつ》」**という。


「象徴」はおもしろい。めっちゃフィクションだ。

でも、「現実」というフィクションをうちやぶる、最後のフィクションだ。

いっけん「子供っぽい」方法にみえる。

でも、考えてほしい。

こざかしい大人のぼくの「現実」をうちやぶったのは、ハリーポッターに「なりきる」子どもの純粋さである。

「子供っぽい」ということは、子供がやっちゃうくらい、人間にとって根本的なパワーがあるってこと。

子供のような純粋さで、大日如来に「なりきる」ことのパワー、ぜったいすごい。

純粋なら効果があるし、バカにすれば効果はなくなるのだ。

生命を肯定するってことは…

ここで、マンダラにもどろう。
マンダラには、「密教」ならではのスゴさがあらわれている。
もう一度、292ページのマンダラを、みてほしい。ちょっと官能的じゃない？
いや、ストレートにいおう。
マンダラは「エロい」のだ。

そもそも、胎蔵マンダラ、という名前。
胎盤の「胎」で、肉体をイメージさせる。
まんなかの花びらから、外に向かってたくさん人を産みだしていく構成。

描かれている仏たちも、中性的な雰囲気だ。

ふつう、仏教にとって、性欲は、敵である。

しかし、密教は「性」のエネルギーさえも肯定するのだ。

性のエネルギーも、宇宙の一部だから。

いやむしろ、性のエネルギーこそ「生命の秘密」のどまんなか。

密教は、一周回って、性のエネルギーを肯定する。

これが仏教の最終形態だ。


しかし！ 死ぬほど注意してほしい。

密教は、**「セックスしまくったらいいよ」という教えでは、絶対ない。**

空海も、弟子も、セックス禁止の戒律を守っていきていた。

素人のぼくがいうのは謎だが、ここだけは、最強に注意しないといけない。

じっさい、密教哲学は、ヤバい新興宗教に都合よく解釈されてきた。

だからこそ、密教は「秘密」にされてきた。

ぼくも一般人なので、密教については、どの本にも書いてる入口部分だけ紹介している。

もっと興味がある人は、ぜひ近くの「真言宗」のお寺のお坊さんにきいてみて！


もうひとつ、密教の特徴を紹介したい。

ふつう、仏教にとって怒りは、敵である。

しかし、**密教は「怒り」のエネルギーも肯定する。**


マンダラのなかに、異様な雰囲気の人がいる。めっちゃ怒ってる。**「不動明王《ふどうみょうおう》」**とよばれる。

日本で大人気なので、知っている人も多いよね。

いったい、何にこんな怒っているのか？

じつは、不動明王は、「超こわいけど、超生徒おもい」の熱血教師みたいな存在だ。性エネルギーをもてあました、思春期の中高生を、厳しくも正しい方向にみちびいてくれる。

密教は、性欲のような、「間違ってつかうと身を滅ぼす」エネルギーを肯定する。

だからこそ、道をはずれた人は、正しい道にブチもどす必要がある。

不動明王

もしぼくらが「密教は性を肯定してるし、セックスし放題や！」と勘違いして道を外してたら、背中に怒りの炎をもやして、右手の剣で誘惑をぶったぎり、左手の縄でメタメタに縛って、正しい道にもどしてくれる。怖いな…

不動明王も、この宇宙の1つのはたらきの「象徴」だ。

じっさい、20世紀には、密教哲学を悪用した宗教がたくさんあったけど、だいたい短期間で崩壊した。ナメてると痛い目にあう。

性エネルギーってなんだ

それにしても、「性エネルギー」を肯定するって、どういうことか。

こればっかりは、密教のお坊さんしかわからない領域だ。

でも、そんなことといっても、どういうことか。
気になっちゃうよね。人間だもの。
ということで、ここから、完全にぼくの想像でかいてみる。
密教が「性エネルギー」を肯定するとはどういうことか。
ぼくの勝手な解釈をたれながします。
素人がいうことなので、まにうけないでね！

◆◆◆

無職になって、それまでとちがった世界がみえてきた。
たまに、まちの公園にいく。
毎回、ハトに大量の餌をバラまいてる、小綺麗な格好のおばちゃんをみる。
横には、「ハトへの餌やり禁止」の看板がでかでかと立っている。
昔は、そんな人をみても、「変な人」とおもうだけだった。
毎日、大量のエサをまく。エサ代もバカにならない。

お金をすててるようなもの。非合理。そうおもっていた。

しかし、無職になって、このおばちゃんの気持ちが、わかってきた。わかってきてしまった、というべきか。

ハトにえさをやるのは、めちゃくちゃ気持ちいいのだ。

たぶんだが、おばちゃん的に、セックスより気持ちいいのだ。

どういうことか？

ぼくも「陰キャ」なので、「セックス」に詳しくないが、努力をつくして図式化してみよう。

セックスにおける「気持ちよさ」には、ざっくり2種類があるはずだ。

ひとつは、からだの「刺激」。肉体的なやつ。

ひとつは、こころの「融合」。精神的なやつ。


こころの「融合」とはどういうことか。

まず「自分」と「相手」が存在する。

このフィクションが、セックスをつうじて崩壊する。


「自分」が「相手」

「相手」が「自分」


みたいな境地になる。

ぼくもこの点、有識者ではないので、くわしくわからない。

でも、からだの「刺激」より、こころの「融合」のほうが、

「きもちよさ」がデカいよね。そもそも、からだの「刺激」

だけなら相手いらんし。

ここで、エサまきおばちゃんに話をもどそう。

おばちゃんは、エサまきで、宇宙とこころの「融合」をしているのだ。

おばちゃんの「自分」というフィクションは、エサをぶちまける瞬間、宇宙ととけあって崩壊している。

からだの刺激をぬきにした、純粋なこころの融合。

その快楽を、おばちゃんは味わっているのだ。

同様に、ひたすら畑で農作業してるおじいちゃんも、「セックスより気持ちいい」とおもってやってるとにらんでいる。

ぼく自身、無職がきわまってたとき、理由なく電車にのり、高齢者に「席をゆずる」ことにハマった時期がある。

電車の席ゆずるの、「自分」がなくなって、超気持ちいい。

気持ちよすぎて依存しそうになったから、危なくてやめたけど。

◆◆◆

ここで第1章でも引用した、ブッダのことばを、もう一度みてみよう。

「おれがいるのだ」という慢心をおさえよ。
これこそ最上の安楽である。

ウダーナヴァルガ　30章　一九

こんなタイミングでブッダのことばを引用したら、絶対おこられる。すいません！

でも、ブッダも「自分」がなくなることを、
「最上の安楽」
つまり

「一番、きもちいい」といっている。

たぶん、密教は、ブッダのさとりの「きもちいい」の秘密をあきらかにしたんだとおもう。

欲望、もっててよし

空海に話をもどそう。

密教の哲学には、もうひとつ、すごい特徴がある。

「欲」の肯定である。

「お金」

「名誉」

「モテ」

ぜんぶ、追求してもOK。

「欲、あってもいいよ！」って肯定しちゃうのだ。「陽キャ」だし。

もちろん、仏教的には「お金」「名誉」「モテ」は、ぜんぶフィクション。幻だ。

幻をおいもとめると、苦しみが生まれてしまう。


じゃぁ、なぜ密教は「欲」を肯定するのか？

「欲」を、「もっとでっかい欲」にしちゃおう、というのが密教のスタンスだ。

「大欲《たいよく》」という。

「お金をいっぱいゲットしよう」もいいけど、

「お金をいっぱいゲットして、いっぱい人をたすけよう」と、でかく考える。

すると、でっかい自分、「大我」になる。

欲のスケールをでかくすると、逆にさとりに近づく理論。

たとえば、ヤンキー社長が、金欲しさにビジネスを大きくしていった結果、たくさんの人を救って、なぞに人格が仏っぽくなってくるやつ。


こんな言葉がある。

菩提心を因となし、大悲を根となし、方便を究竟となす。

『大日経』住心品

――さとりをめざして、慈悲の心をもって、人をすくうのを究極とする。


密教にとって「空《くう》」は理解しておわりのものじゃない。

人助けしてナンボなのだ。

そしたら、「自分」がきえて、めっちゃ気持ちいい。

「密教」ってこんな感じ！たぶん！

ぼくと「密教」

ここから、さいご、ぼくの人生にとって「密教」の哲学がどう役立ったかを書いていく。

いやまじで、スゴいっすよ。

そもそも、ぼくにとって「東洋哲学の本をかく」って、めちゃくちゃ矛盾だった。

本をだすって、「承認」っていうフィクションど真ん中で、承認欲求のかたまりな感じ。

なのに、テーマが東洋哲学。

「承認欲求」から自由になる方法を、承認欲求に手足をしばられている自分が書くということに、かなりくるしんだ。何をかいてもウソっぽくなる。


じつはこの本のオファーをもらったのは、2020年だ。

編集者には、「3ヶ月で書いてね」といわれた。

「いいですよ」と答えた。

いま2024年である。

承認欲求になやんでるやつが、東洋哲学の本をかく、という矛盾にくるしみすぎて、

3年半かかった。


3年間、完成した原稿はゼロだった。本だしたことない無名の無職のくせに、締切もたぶん30回くらいのばした。迷惑かけすぎてやばい。(ほんとに申し訳ないです)

3年半。

アラサーのつもりが、35歳になった。

でもこの3年半、めちゃくちゃ成長した。

もともと、この本は、無職がきわまってた時代にかいた、1つの記事がきっかけになっている。


東洋哲学本50冊よんだら「本当の自分」とかどうでもよくなった話

というタイトルのものだ。

読んでもらえばわかるが、だいぶ内容がうすい。

あえてうすくしてるというより、当時の東洋哲学の理解度はこんなもんだった。

それから、本の話がきて、承認欲求にかりたてられた結果、この3年半は、謎にストイックな修行のような生活になった。

できるかぎり変な解釈にならないように、ひたすら東洋哲学の本をよみつづけた。

わかんないことだらけなので、真言宗のお坊さんにいろいろ教えてもらったり、実際山に登る修行にもつれていってもらった。

なにより、本をかくという苦しみで、まえよりもだいぶ「自分」の器が大きくなった気がする。

じっさい承認欲求から自由にならないと、ぜんぜん文章がすすまない。

「こんなこと書いたら嫌われるかな」

「これは思いだしたくないな」

という思いが邪魔をして、全然アイデアがでてこない。

結局、1日中ボーっと、自分のこころを観察して、ひっかかりを取り除く、みたいなことをしていた。

それを「瞑想」といっていいとはおもわないけど、瞑想にちかいことを、何年もずっとやっていたことになる。
そして、「まぁどうでもいいか」とおもって「自分」を手放せた瞬間、文章がすすんで、
いまここまで書けている。いい文章になったかはわからないけど…。

承認欲求にみちびかれた結果、承認欲求を、ある程度だけど、克服することになったのだ。

「欲」さえも、さとりへの道。

密教の哲学めっちゃたすかる。

あと、文章をかいてるのも「自分」であって「自分」でなくなってきた。

この章で「自分がしゃべってるとき、大日如来がしゃべってるのだ」と書いたけど、

「自分が書いてるとき、大日如来が書いてるのだ」


というかんじだった。

「自分」がおもいもよらない文章がでてくる。

それを読んで、自分でなにかを納得する。

空海の哲学では「法身説法《ほっしんせっぽう》」といって、いわば「宇宙じたいが仏教をおしえてくれるんや」ということで、「意味わかんねぇな」とおもっていたが、じっさい、本を書く行為は、めちゃくちゃセルフ説法だった。

自分だけど自分じゃないような、不思議な感覚である。

まえがきで、「働く意味」がわからなくなった。とかいた。

そんなぼくが、いつのまにか、めっちゃ本かいて、働いてる。

とくにここ3ヶ月休みなしで、朝まで書きつづけてる。

いまなら、「働く意味」がわかるきがする。

これから、本をばらまく。自分がまなんだこと、ぜんぶみんなにあげる。

これ多分、ハトにえさバラまいてるおばちゃんと一緒だ。

「自分」がなくなって、めちゃきもちいい。

「働く意味」はきもちいいから。でした。

◆◆◆

ちょっと前、そんな感じの不思議な精神状態で、そとにでたときに、こんな景色がとびこんできた。

「空」と「海」がバーンと眼の前にせまってきて**「あ、空海、たしかにいるわ」**という気持ちになった。

しかも大日如来には「日」という文字がはいっている。

「太陽」のイメージである。

「空」と「海」が、「太陽」と一体化してる。

真言宗では、「空海はまだ生きている」という話をする。

ぼくは「またまたぁ」とかおもってたのだが、空海は、すべてのつながりと一体化したんだから、

「身体はほろびたけど、いまも生きてる」というのは、そうといえばそうなのかもしれない。

空海は、「空」「海」「太陽」そのものになった、
究極の「陽キャ」だ。

うまく説明できないけど、「あ、空海いるわ」とおもった瞬間、

なぜか「自分」が「陰キャ」とおもってこだわってるのが、アホらしくなった。

その後すぐ、それまでは絶対かわなかったような「陽キャ」っぽいアロハシャツを買って、絶対やらないとおもってたマッチングアプリをやったら、出会ったひとと2ヶ月後に子供ができた。

自分は「陰キャ」「結婚むいてない」「父親になる資格はない」とかぐるぐるかんがえていたのがウソみたいに、「自分」がなくなったことで、人生がいきなり動き出してしまった。

そんなことってあるんですね。

〜おわり〜

※イメージ

あとがき

原稿、かきあがってしまった。

ホッとして、友達に「やっと書けたよ！」と報告したら、「まだ書いてたん？」っていわれた。書き終わって、変な気分。

あとがきにとくに書くことがない。

「まえがき」を書きはじめるのに3年かかったのに、ラストの6章は、なぜか1日でかけてしまった。

原稿をみなおすと、後ろにいけばいくほど、「自分」が書いたようにおもえない。

書きながら、だんだん「自分」がきえていった感じ。いまはすっからかんのからっぽの気持ち。これから、いろんな人と話しながら「自分、本書いたっす」とか語って、気持ちよくなって、「自分」がムクムクとできあがっていくんだろう。

調子にのって、ぜったい人間関係で痛い失敗して、大事なものを失うところまで視える。

まぁそうなっても、またゼロから出発すりゃいいか、と思えるのは東洋哲学と出会えてよかったことだ。部屋といっしょで、そうじしないとキレイにならないので、できるだけこの「からっぽ」状態のきもちよさを、覚えとこうと思います。

ぼくは、「自分」のことばかり考えてる人間だけど、「からっぽ」なかんじのいま、「すべてのつながり」への感謝しかわいてこないです。

生きとし生けるものすべてへの感謝を伝えたいところですが、紙面に余裕がないので、「人類」に限定して感謝をおつたえしていきます。

～謝辞～

まず、無名の新人のぼくを、3年半もまってくださったサンクチュアリ出版のみなさま、本当にありがとうございました。なにより、編集の大川美帆さんがいなければ、この本は存在しませんでした。(東洋哲学で本をかく人生になると思ってなかった…)

一文字も書かない状態が何年もつづいたのに、ずっとまっててくださってほんとにありがとうございました！

また、監修の、京都大学名誉教授の鎌田東二先生にも御礼申し上げます。

先生には、ひたすら「自分らしくかきなさい！」と檄をいただきました。「自分らしく」って、どうすりゃいいんだ…とおもいながら、先生の『悲嘆とケアの神話論』をよんだら、冒頭から200ページ、ひたすら先生の「詩」がかかれて、超ビックリいたしました。「からっぽ」になって、ただわいてくるものを書く。これが「自分らしさ」か…と学びました。執筆中、つねに先生自身のあり方で進むべき方向性を示していただきました。ありがとうございました。鎌田先生を紹介してくださった友人の三澤史明くんにもあらためて感謝いたします。

密教の章では、僧侶のみなさまから沢山教えていただきました。

とりわけ、亀峰山平成院御住職・猪川一徳阿闍梨様、同院・前田徳華様には大変お世話になりました。また、修験道の修行に参加させてくださった龍峰先生ならびに大峰修行の会の皆様にも感謝を申し上げます。

高野山を案内していただいた、安田恵成さんにも大変お世話になりました。ありがとうございました。

お笑いの師匠の芝山大補さんにもアドバイスをいただきました。

ゲシュタルト療法家の野妻裕美（ヒロ）さんにも相談にのっていただきました。

いきつけのマッサージ屋さんの西田さん、中村さんに血流面をたすけていただきました。ありがとうございました。

10代のころからなぜかずっと応援してくださっているNEWPEACE代表の高木新平さんにもあらためて感謝申し上げます！

会社員・長島町・芸人・その他でお世話になったみなさまにもあらためて感謝いたします！応援のことばをくれた友人のみなさま、本当にありがとうございました！

また、無収入なのに「本を書いてます」という怪しい申請を信じて、保育園の入園を許可してくださった行政のみなさま。そして、保育園の先生方のおかげで本をかく時間がうまれました。ありがとうございました！

そして、コロナ禍をいきぬくことができたのは、国の給付金のおかげでした。納税者のみなさま、本当にありがとうございました。毎年「勤労感謝の日」に感謝の祈りをささげております。

参考文献購入にあたってご支援をいただいたYご夫妻にも心より感謝申し上げます。

さいごに、家族と元家族のみなさまにささえられてこの本ができました。家族にするにはだいぶ問題がある人間だと自覚してますが、共生の道を模索してくださり本当にありがとうございます。

◆◆◆

さいごになりましたが、
本の感想、とても楽しみにしています！
#自分とかないから
をつけて、投稿していただけるとぼくも読めるので嬉しいです！

好きだったページを、写真取ったり、スクリーンショットをアップしてもらうのも大歓迎です！

7人の哲学者を紹介しましたが、だれが一番好きだったかとか知りたいです！

あと、僧侶や研究者をふくめ、専門家のみなさまからのツッコミも、同じハッシュタグでお待ちしております！勉強させてください！

最後までよんでくださりありがとうございました！

もしよかったら、この本を、大切な人に手渡してみてください〜

参考文献

この本は、研究者と仏教者の皆様がシェアしてくださった知見のおかげで書くことができました。本の内容は独自の解釈で書いたので、「参考文献」とするのが失礼にならないか心配ですが、感謝の意をこめて挙げさせていただきます。

紙面の都合上、ごく一部の先生のお名前と書籍名しかあげらないのが残念です…。

全体

「東洋哲学」ということばは、鈴木大拙先生と井筒俊彦先生からいただきました。とくに大拙先生の『仏教の大意』（角川ソフィア文庫）は、東洋哲学にハマるきっかけになった本で、何十回も読み返しました。また、以下のシリーズは、全体を通じて、大いに参考にさせていただきました。『仏教の思想』シリーズ（角川ソフィア文庫）中村元先生の『東洋人の思惟方法』（春秋社）

第1章… 無我

中村元／『ブッダのことば』（岩波文庫）『真理のことば 感興のことば』（岩波文庫）『原始仏教の成立』（春秋社）また、アルボムッレ・スマナサーラ師、魚川祐司先生のテーラワーダ仏教の知見にも学ばせていただきました。

第2章：空

中村元『龍樹』（講談社学術文庫）／瓜生津隆真『龍樹：空の論理と菩薩の道』（大法輪閣）／梶山雄一・瓜生津隆真『大乗仏典（14）龍樹論集』（中公文庫）／梶山雄一『般若経 空の世界』（講談社学術文庫）／桂紹隆・五島清隆『龍樹「根本中頌」を読む』（春秋社）／『龍樹菩薩伝』（高校生にもわかる大蔵経現代日本語訳プロジェクト）

また、本書の全章を華厳哲学でつなぐかたちをとったので、主に鎌田茂雄先生の華厳哲学についての著作を参考にさせていただきました。鎌田茂雄『華厳の思想』（講談社学術文庫）／中村元『華厳経』『楞伽経』（東京書籍）／井筒俊彦『コスモスとアンチコスモス』（岩波文庫）／ティク・ナット・ハン『ティク・ナット・ハンの般若心経』（新泉社）

第3章：道

『老子』原典は、蜂屋邦夫先生、池田知久先生、金谷治先生の翻訳を参考にしつつ、井筒俊彦先生・古勝隆一先生の訳をベースにして、表現を調整しました。

『荘子』原典は、福永光司先生、池田知久先生の翻訳を総合的に参考にしつつ、意訳しました。本来、私訳をつくる力はないですが、伝わりやすさを重視し、極力原意をそこなわないように努めました。

老荘思想の解説としては、以下を参考にしました。森三樹三郎『老子・荘子』（講談社学術文庫）／中島隆博『荘子の哲学』（講談社学術文庫）／玄侑宗久『荘子と遊ぶ』（筑摩書房）／高橋健太郎『真説・老子』（草思社）また、安冨歩先生や、加島祥造さんの解釈にも刺激をいただきました。詩人の千賀一生さんの『タオ・コード』（徳間書店）における「性」の解釈には、密教の章を書く上でも大きなヒントをいただきました。

第4章：禅

鈴木大拙『仏教の大意』（角川ソフィア文庫）／鎌田茂雄『中国の禅』（講談社学術文庫）／入矢義高『臨済録』（岩波文庫）／井筒俊彦『コスモスとアンチコスモス』（岩波文庫）

また、直接言及はなかったものの、道元禅師の思想も、増谷文雄先生、頼住光子先生、藤田一照師の著作を参考にさせていただきました。円覚寺・横田南嶺管長のブログからも多くのヒントをいただきました。

第5章：　他力

本章は「阿弥陀仏」や「浄土」の言葉をほぼつかわない構成にしたため、関係者の方々には恐縮至極です。親鸞聖人については、主に鈴木大拙先生の『真宗とは何か』（法蔵館）、梅原猛先生の『歎異抄』（講談社学術文庫）、楠恭先生の『妙好人を語る』（NHK出版）、法然上人については、町田宗鳳先生の『法然対明恵』（講談社選書メチエ）などの著作から勉強させていただきました。教行信証は金子大榮師の口語訳を、浄土三部経は大角修先生の現代語訳を参照いたしました。他の章とのつながりを考える上で、三枝充悳先生の『龍樹・親鸞ノート』（法蔵館）、中村薫先生の『親鸞の華厳』（法蔵館）も参考にいたしました。釈徹宗先生の『親鸞100の言葉』（宝島社）が親鸞聖人の言葉を引用するうえで大きな助けとなりました。

第6章：　密教

主に、加藤精一先生訳の、『「即身成仏義」「声字実相義」「吽字義」』『弁顕密二教論』『秘蔵宝鑰』（角川ソフィア文庫）を参考にいたしました。

密教経典は、宮坂宥勝先生、大角修先生、正木晃先生の著作を参照いたしました。

密教哲学の解説は、梅原猛先生、松長有慶師、頼富本宏先生の著作を主に参考にさせていただきました。井筒俊彦先生の論文『意味分節理論と空海』や、清水高志先生の『空海論／仏教論』（以文社）からたくさんのインスピレーションをいただきました。

また、密教の現場を知るうえで、中村公隆師、永久保貴一先生の著作が非常に参考になりました。亀峰山平成院御住職・猪川一徳阿闍梨様、同院・前田徳華様からも直接、密教について勉強させていただきました。

さいごに：

僧侶でも研究者でもない私が、東洋哲学について書くうえで、道をはずしてしまわないよう、大田俊寛先生、瓜生崇師、中島岳志先生の著作から勉強させていただきました。

また、直接の参考文献ではありませんが、本書執筆のきっかけになった著作も挙げさせていただきます。

・五木寛之『大河の一滴』（幻冬舎文庫）が、東洋哲学に興味をもった原点でした。
・草薙龍瞬『反応しない練習』（KADOKAWA）に会社員時代救われました。
・南直哉『超越と実存』（新潮社）で仏教史の全体像をつかむことができました。
・中沢新一『レンマ学』（講談社）で華厳哲学を知るきっかけをいただきました。
・落合陽一『デジタルネイチャー』（PLANETS）では、華厳哲学を研究現場におとしこんでいる姿に大変刺激をいただきました。
・井上雄彦『バガボンド』（講談社）で、仏教の精神をまなばせていただきました。

また、サレンダー橋本先生のマンガは「こじらせ」のすべてがつまっており、本当に参考になりました。

執筆がつらすぎて悩んだ時は、千葉雅也先生や坂口恭平さんの著作に勇気づけられました。

最後に、本書を監修していただいた、鎌田東二先生の『ヒューマンスケールを超えて』（ぶねうま舎）は、執筆の羅針盤のような存在でした。

ほんの一部しかご紹介できませんでしたが、多くのお名前をあらためて見て、この本、そして「私」の無我と縁起を実感しました。ありがとうございました。

引用画像

53p/55p/126p：「タイトル不明」Gelug Lineage/Public Domain
https://commons.wikimedia.org/wiki/File:Nagarjuna_with_84_mahasiddha.jpg?uselang=ja#%E3%83%A9%E3%82%A4%E3%82%BB%E3%83%B3%E3%82%B9

157p/166p/232p：「万暦刊「三才図会」」（国立国会図書館）（https://dl.ndl.go.jp/pid/2574372/1/1）を加工して作成

193p：「南泉斬猫図」曾我蕭白 /Public Domain
東京富士美術館蔵「東京富士美術館収蔵品データベース」収録
https://www.fujibi.or.jp/collection/artwork/08583/

193p：「臨済義玄」曾我蛇足 /Public Domain
https://commons.wikimedia.org/wiki/File:RinzaiGigen.jpg

193p/194p/198p/199p/200p/202p/206p/232p/241p：「破窓月」月岡芳年 /Public Domain
https://commons.wikimedia.org/wiki/File:BodhidharmaYoshitoshi1887.jpg

207p：「慧可断臂図」雪舟 /Public Domain
https://ja.m.wikipedia.org/wiki/%E3%83%95%E3%82%A1%E3%82%A4%E3%83%AB:Bodhidharma.and.Huike-Sesshu.Toyo.jpg

234p：「一休和尚像」墨斎 /Public Domain
https://commons.wikimedia.org/wiki/File:Portrait_of_Ikky%C5%AB_by_Bokusai.jpg

279p：「風信帖」尾上八郎 /Public Domain
https://commons.wikimedia.org/wiki/File:Huushincho_1.jpg?uselang=ja

292p/293p/295p/316p：「胎蔵マンダラ」
頼富本宏「密教とマンダラ」（講談社学術文庫）

312p：「大日如来坐像」作者不明 /Public Domain
https://commons.wikimedia.org/wiki/File:Mahavairocana.jpg

320p：「醍醐寺本五大尊像」作者不明 /Public Domain
https://commons.wikimedia.org/wiki/File:Fud%C5%8D_My%C5%8D%C5%8D.jpg?uselang=ja#%E3%83%A9%E3%82%A4%E3%82%BB%E3%83%B3%E3%82%B9

東洋哲学に興味をもってくれたみなさんへ

ここまで読んでくださってありがとうございます！

本をだしてから、インターネット上で毎日ご感想をみさせてもらっています。

その中で、**「東洋哲学の本、おすすめを知りたい」**という声がたくさんあったので、「おすすめ本」のリストをつくることにしました！

東洋哲学本を読む「コツ」

でも、その前に、東洋哲学の世界にはいっていくうえでの「コツ」を共有させてください。あくまでぼくの経験がベースです。

コツ。それは…

「知識」を目的にしない！

ことです。

「東洋哲学にくわしい人」になれたら、なんかカッコ良くないですか。

「知識」、ふやしたいですよね。**でも、危険です。**

「知識をふやしたい」のうらにあるモチベーションって、だいたいクソです。モテたいとか。誰かに勝ちたいとか。まわりにマウントとりたいとか。ぜんぶぼくの話です。

断言しますが、東洋哲学の知識がふえても、モテません。

むしろ「なんかヤバそう」とおもわれます。逆効果です。ぜんぶぼくの話です。

なにより、「東洋哲学をしってる自分」をつくりあげてしまって、「まわりがバカ」にみえてきたら、「終わり」です。冷静になりましょう。

東洋哲学にたどりついてる時点で、われわれは超こじらせてます。

東洋哲学にくわしいことを、自慢するようになっちゃったら、こじらせすぎて、アウトです。ブッダもおてあげ。完全にぼくの話です。ほんとすいません。

東洋哲学は、「楽になるため」にあります。

老子のことばも紹介します。

絶学無憂
——学ぶことをやめたら、心配ごとはなくなるよ
老子「道徳経」20章

老子らしい、常識をぶっこわすことばですね。
学んでもロクなことないよ、と言ってます。

たとえば、友達が東洋哲学にハマったとします。「空」とはなにか、100冊本を読んだらしい。めちゃくちゃ詳しくなったそうだ。
そんな人がいたら、心配になりませんか？　ぼくはそうとう親から心配されました。

「空」ってなんだ。
「道」ってなんだ。

知識をふやそうとするほど、言葉の世界にとらわれて、しんどくなる。

東洋哲学にかんしては、「学ぶ」という意識をポイッて捨てちゃいましょう！

じゃあ、どうするか。


あくまで、「いまのしんどさ」を解決するために読む。

これが超大事！です。たぶん。


ブッダからすれば、ぼくらはみんな「病気」みたいなもの。

「就活」や「婚活」みたいなフィクションで悩んじゃう。

ぼくらは「患者」です。「先生」になる必要はありません。

いま自分が「しんどいな」って認めると、素直な気持ちになります。「頭で読む」というより、「心で読む」という感じになります。

そうすれば、難しい内容でも「なんかわかるかも」と思えたりする。

結果的に知識もふえるとおもうけど、たぶんそれは大丈夫です。

どうせそのうち忘れるし。しんどさがマシになったら忘れてＯＫ。

知識を「目的」にすると、こじらせます。

東洋哲学、詳しくても、基本いいことないです。全然モテないです。やめときましょう。

東洋哲学の本を選ぶときは、

「知識」でもなく「悟り」でもなく、とにかく「楽になる」ことを目的にする。

そんなスタンスが、個人的におすすめです。

（※もちろん、知識は、東洋哲学を人につたえるときには超重要だとおもっています！
あくまで「目的」にすると苦しくなりそう！ということをお伝えしたいです。）

それでは、おすすめの本を紹介していきます。

これまで紹介した、６つの章、それぞれの哲学者について、おすすめを選びました。
ぜひ「推し」の哲学者についての本を選んでください。

中学生や高校生が読めそう、と思えるかを基準にしました。

おすすめの本

1章：　ブッダ

・『反応しない練習』草薙龍瞬　（KADOKAWA）

いちばんにおすすめしたい、とにかく楽になれる本です！

著者は、インドで出家した、日本人のお坊さん。

仕事や家族の悩みによりそいながら、ブッダの考え方を、すごくわかりやすく紹介してくれています。

なかなか日本ではなじみのない、古い時代のインドの経典もどんどん引用されていて、ものすごく本格的な内容。なのに、スッとブッダの考え方が入り込んできます。

ぼくも会社員時代いちばんしんどかったときに、この本を読んで気持ちが楽になりました！　あまりに良くて、友達にもプレゼントしたけどそいつは読まなかった。ぜひ読んでほしい本です。

・『怒らないこと』アルボムッレ・スマナサーラ（だいわ文庫）
スリランカの仏教の長老が書かれた本。スマナサーラ長老の本、とても好きで、ぼくも何十冊も読んでます。怒るって、しんどいし、やだよね。

そんな、身近だけど深い悩みから出発して、ブッダの考えを伝えてくれる本です。

2章：龍樹

龍樹の本って、なかなかとっつきやすいものがないんです！

そこで、まずは龍樹の「空」の哲学に近い「般若心経」というお経の解説を読んでみるのがおすすめです。般若心経って、実は「空」について語ってるんです。

なんか最近、知り合いの30代女性に「般若心経の本よんでるよ」って言われたんですけど。しかも3人。流行っててんの？そんなことある？

・『寂聴 般若心経：生きるとは』瀬戸内寂聴（中公文庫）
九十九歳まで生きた、めちゃくちゃ破天荒でチャーミングなお坊さんの本。

自分自身の強い「欲」と向き合いながら生きてきた人の書く「空」のはなし。だからこそ、言葉に血がかよっていて、するすると読める。昔ベストセラーになった本らしいけど、いま読んでもすごく面白いです。

・『ティク・ナット・ハンの般若心経』ティク・ナット・ハン（著）、馬籠久美子（翻訳）（新泉社）

アメリカで「マインドフルネス」をひろげた禅のお坊さんの本。英語からの翻訳だから、苦手なひともいるかもしれないけど、「空」の哲学をすごくシンプルで感覚的にわかるように解説してくれています。

3章：老子・荘子

・『老子の教え あるがままに生きる』安冨歩（ディスカヴァー・トゥエンティワン）

ぼくの大好きな本です。東大の先生が書いた、老子を「超訳」した本。すごくやわらかい言葉で、老子の世界が表現されています。なんとなくしんどいときにおすすめ。

老子の教えは、シンプルでポジティブだから、東洋哲学の入口には一番いいかも。

・『マンガ 老荘の思想』蔡志忠（著）、和田武司（翻訳）、野末陳平（監修）（講談社＋アルファ文庫）

やっぱりマンガは正義。エピソードごとにわかれていて、なんとなく気になったページをめくれば、老子や荘子の面白い考え方を知ることができます。

・『老子・荘子　ビギナーズ・クラシックス　中国の古典』野村茂夫（角川ソフィア文庫）

これはちょっと難しいけど、老子と荘子が書いた文章のなかで、重要なものをそのまま読むことができます。

特に荘子の本って、実は短い物語みたいな話がおおくて、読んでみると面白いんです。いきなり「クソでかい魚がいたけど、クソでかい鳥に変化した」みたいな意味不明な物語からはじまるんですよ、荘子の本って。わからないけど、わからないまま読んでみるのも面白いです。漢文と日本語訳がのってるので、まずは日本語訳だけ読んでみると雰囲気を感じられるかも。

4章：禅

・『禅、シンプル生活のすすめ』枡野俊明（知的生きかた文庫）

庭園デザイナーとしても活躍されている禅のお坊さんの本。「ボーッとする時間をもつ」とか「朝の空気をしっかり味わう」とか、すごくシンプルな項目だけでできている本。めちゃくちゃシンプル。でもそれがいい。

「言葉をすてろ」をふつうの生活で実践するヒントがたくさんあるし、なにより文章からただよってくる空気感をかんじるのが大事な気がします。

会社員をしていてつらかったときに助けられた本です。

・『禅とジブリ』鈴木敏夫（淡交社）

スタジオジブリのプロデューサー、鈴木敏夫さんと、禅のお坊さんたちが、ジブリ作品を題材に、禅について語っていく本。対談とエッセイなので、読みやすいです。

5章：親鸞

・『はじめての親鸞』五木寛之（新潮新書）

尊敬する仏教エッセイスト、五木寛之さんの親鸞入門書。講義がそのまま文章になっているので、話し言葉で読みやすいです。五木さんは『親鸞』（講談社文庫）という小説も書いているので、小説が好きな人はそっちでもいいかも。

・『親鸞 100の言葉』釈徹宗（監修）（宝島社）

ありそうであんまりない、親鸞の名言集。親鸞の言葉って、ほんとにパワーがあって、何を言ってるかわからないときも親鸞の純粋さが伝わってきて感動するんですよね。

なんとなくコンビニでみつけて買ったけど、めっちゃ良かった。

6章：空海

密教って、マンダラとか、ことばだけじゃなくて色んな表現があるので、本を読むよりもぜひ現場にいってみてほしいです。

まず、「**護摩**《ごま》」。火をおもいっきり燃やしながら、太鼓をたたいたり、お経を唱えたりする儀式。迫力があってぼくは大好きです。

お近くの真言宗か天台宗のお寺のホームページをしらべてみてください。月1回くらい護摩をやる日があったりします。だいたい誰でも参加できるので、「密教」の雰囲気をなんとなく知ることができます。関西なら、高野山や、京都の東寺。関東なら、成田の新勝寺のような大きなお寺にいってみるのもおすすめです。

空海の哲学を紹介する本は、かなり難しいし、世界観になじむまで時間がかかるので、空海の人生をもとにした映画をみるのがいい入口かもしれません。

よかったら北大路欣也さん主演の『空海』（1984年）をみてみてほしいです。

「どうしても本で読みたいんや！」って方には、高野山の金剛峯寺が出している『KUKAI』という雑誌があります。写真いっぱいで、密教の世界を楽しめます！

おすすめを読んだ感想もSNSにポストしてみてください〜！

ハッシュタグ **#自分とかないから** をつけてもらえたらみさせてもらいます！

解説

鎌田東二（京都大学名誉教授・宗教哲学者）

本書の監修を引き受けている間の２０２２年12月にステージⅣの大腸がん（上行結腸癌）が発覚した。患部周辺を50センチほど切除する手術をし1ヶ月入院。その後、1年半余におよぶ抗がん剤治療を続けた。頭髪は抜け落ち、脳頭頂部に3センチほどの転移が見つかった。その周りを10センチほどの浮腫が取り巻いていた。かなり深刻な状況だった。

ではあっても、本書を読んでいたからか、あるいは監修者として、著者であるしんめいPさんとやり取りをしていたからか、まったく心的ダメージはなかった。むしろ、がんであることを僥倖ととらえて「ガン遊詩人」を名乗り、ギター1本を抱えて各地に巡遊し、詩を朗読し、自作の歌をうたい続けた。がんはあっても『自分とか、ないから。』の功徳・効能は大したものだ。

もちろん、『自分とか、ないから。』を読んでも「がんとか、ないから。」というわけにはいかない。がんはガンとしてしっかりとわが身にある。また末端神経障害や味覚の変調や身体バランスの低減などフィジカル（身体的）ダメージもかなりある。

しかし本書で著者が、じつにわかりやすく、自分の言葉で自分を「いじり」、自分の「黒歴史」も包み隠さず笑い飛ばしながら、自分のこだわりや弱点を解除・解放していく方途と東洋哲学的根拠を示してくれているので、たいへん参考になり、生きて死んで逝く道行きの励みにも指針にもなる。その上、超おもしろすぎ。

各章のテーマは、タイトルだけみると、「無我」（第1章）、「空《くう》」（第2章）、「道《タオ》」（第3章）、「禅」（第4章）、「他力」（第5章）、「密教」（第6章）と、何やらむつかしそう。もろ仏教や老荘思想だし、本格東洋哲学の主要概念だ。しかしそれが、このユーモアとウィットに富んだ著者にかかると、とてもエンターテインメントな思想アクロバットをスペクタクルに見せられ（魅せられ）るようで、目が紙面に吸いついて離れられなくなる。

多くの大学教授や批評家などの仏教や東洋哲学についての本は、専門的で理詰めのものがほとんどだ。専門的な間違いは少ないかもしれないが、しかし、生きていく際の力や指南になることはほとんどない。

本書の魅力と特色は、読者の生き方やあり方を、自分を切り刻みながら問いかける「捨て身戦法」だ。

だいたい、ほぼすべての専門書は言葉も論理も防衛的で、分厚い防衛線を張りに張って、張り巡らせている。万里の長城みたいに。博士論文の審査会を英語では「ディフェンスDefense」というが、質疑の突っ込みを徹底防衛して撥ね返すことにしのぎをけずり、命を削る。過酷な知の闘争である。

しかし、本書は、「ツッコミとボケ」、あるいは、「ボケとツッコミ」を一人二役で演じ切る。突っ込み方も半端じゃないが、ボケ方もハンパじゃない。ある種の「泣き笑い」戦術である。泣きと笑いが交互に来て、救われながら昂揚しまくれる。

特に、100ページ近くある第2章、著者の「居酒屋のブッダ」ぶりは泣き笑い、一人芸として凄味がある。「ディフェンス」をかなぐり捨てて「投身（身投げ、我《われ》投げ）」している。「われ」を晒しに曝して、突き放し、いじり、笑いを取る。読者はそれによって、救われつつも昂揚し､元気になる。このあたりが、この本が10万部を超える大ヒットになった理由だろう。わたしが特におもしろくおもったのは、この第2章と第4章だ。飛んで、抜けて、破る。

ともあれ、現段階で10万部の大ヒット。超凄すぎ、だ。「監修者」のわたしは、著者から連絡があるたびに、ただひと言、「好きに書いたら～」「思うまま書いてよ」と言い続けただけだが、著者はそれを真に受け止めてか、ほんとうに自由に、しかし、しっかりセルフケアも読者のケアもできるタッチに仕上げた。その思想の取りまとめ方と表現の仕方は独自の唯一無二のユニークさとオリジナリティがある。

だからこそこの本を、わたしのようながんや、持病などの不安を持っている方々にも読んでもらいたいとおもう。「自分」を作っている（と思い込んでいる）「殻（空《から》）」が剝がれ落ちてすっきりと「自分らしく」（「自分とか、ないから。」なのに？）生きられるだろう。矛盾しているようだが、「東洋哲学」とはそのような思想道である。

わたしも「ガン遊詩人」としてこれからもいっそう「遊戯三昧《ゆげざんまい》」を生きて死んで逝きたい。ぜひ生きていく旅路においても、死に逝く旅路においても、本書を親しい道連れにしてくだチャイ！

著者　**しんめいP**

大阪府出身。東京大学法学部卒業。大手IT企業に入社し、海外事業で世界中とびまわるも、仕事ができないことがバレてひそやかに退職。鹿児島県にある島に移住して教育事業をするも、仕事ができないことがバレてなめらかに退職。一発逆転をねらって芸人としてR-1グランプリ優勝をめざすも1回戦で敗退し、引退。無職に。引きこもってふとんの中にいたときに、東洋哲学に出会い、衝撃を受ける。そのときの心情を綴ったnote、『東洋哲学本50冊よんだら「本当の自分」とかどうでもよくなった話』が少し話題になり、なぜか出版できることになり、今にいたる。

監修　**鎌田東二**（かまた・とうじ）

京都大学名誉教授。武蔵丘短期大学助教授、京都造形芸術大学教授、京都大学こころの未来研究センター教授、上智大学大学院実践宗教学研究科・グリーフケア研究所特任教授を経て、NPO法人東京自由大学名誉理事長、天理大学客員教授。専門は宗教哲学、比較文明学、民俗学、日本思想史、人体科学など多岐にわたり、縦横無尽に学問領域を行き来し、独自のあたらしい観点から多様な研究を続けている。『言霊の思想』（青土社）、『悲嘆とケアの神話論：須佐之男と大国主』（春秋社）など著書多数。

自分とか、ないから。

教養としての東洋哲学

2024年 4月23日　初版発行
2024年11月 8日　第12刷発行（累計15万1千部※電子書籍を含む）

著者　しんめいP　　監修　鎌田東二

デザイン：井上新八
装丁・本文イラスト：高柳浩太郎
(21p/51p/55p/68〜69p/86p/122p/149p/189p/191p/215〜216p/227p/231〜233p/251p〜253p/259p/261〜262p/273p/275p/296p/305p/313p)
その他本文イラスト：いらすとや
DTP：ローヤル企画

営業　二瓶義基・蒲原昌志
広報　岩田梨恵子・南澤香織
制作　成田夕子
編集　大川美帆
編集協力　松本幸樹

写真：iStock.com/clu/Grafissimo/GeorgiosArt/konmesa/dangdumrong/karimitsu/mevans/Arder_Ho/shima/maruco/kohei_hara/GlobalP/non-exclusive/mizoula/wilpunt/vaitekune/sarawut khawngoen/Giselleflissak/kokoroyuki/nevereverro/Makoto Hara/tuk69tuk/INGA TOMASEVIC/aleksandarnakovski/tzahiV/Yoshitaka Nao/Yagi-Studio/Ratchat/wanderluster/Athitat Shinagowin/Spencer_Whalen/Ekaterina/Grebeshkova/chiewr/SafakOguz/CHUNYIP WONG/rahmad himawan/tomertu/azatvaleev/SAND555/blew_i/riya-takahashi/Oleksii Polishchuk/VladNikon/Prostock-Studio/atosan/Irina Gutyryak/carlacdesign/Ackun/janiecbros/Oleksandr Slobodianiuk/vitaliybilyak/AaronAmat/Gogosvm/Anna Zasimova/Selahattin Volkan Kuru/VioletaStoimenovat/Dimitris66

発行者　鶴巻謙介
発行所　サンクチュアリ出版
〒113-0023 東京都文京区向丘2-14-9
TEL:03-5834-2507 FAX:03-5834-2508
https://www.sanctuarybooks.jp/
info@sanctuarybooks.jp

印刷・製本　株式会社シナノパブリッシングプレス